# コミュ障でビビリなリーダーでも、部下を思うように動かせる本

晴
Wak



自分にムリせず
「お願い上手」
になれる!

光文社

# はじめに

みなさま、はじめまして。ビビリーダーの晴瀬ワカルと申します。
その名の通り、〝ビビリ〟な性格でリーダーシップのかけらもないのに、ある日突然、「向いていないリーダー業務」を担当することになってしまった男です。

**本書は、そんな私と同じようにビビリでコミュ障（コミュニケーション障害）的な傾向のあるリーダー（ビビリーダー）の方に向けて書きました。**

ビビリーダーでもうまくリーダー業務がこなせるポイントをわかりやすくまとめ、それを実践することで心理的な負担を減らすことができるような入門書を目指しています。

ちなみに本書でいうリーダー（係長クラスの管理職）は、数名で構成されるチーム（部署）のまとめ役を想定しています。

今この「はじめに」を読んでいる方のなかにも、職場内での年齢やプレーヤーとしての実績などの点からリーダーの役割を担っている人がいるでしょう。

また、女性の活躍推進という掛け声のもと、管理職になってしまった女性もいると思います。

他にも、リーダーや管理職になってはみたものの思ったようにいかない人、やってみて初めて苦労がわかった人もいるかもしれません。

「途中で投げ出すわけにはいかない」「業績が悪いと、すべて管理職の責任になるから」などの理由で、毎朝、キリキリ痛む胃を抱えながら出社しているにもかかわらず、誰も言うことを聞いてくれなくて、心折れそうになっている。いや、すでに心は折れているのに、それに気づかないフリをして、崖っぷちでグルグル回っている、そんな人もいるかもしれません。


**実は……かつての私がそうでした。**

私の場合は、実際にそのまま心が折れてしまい、一度はリーダーの立場を離れることになりました。

しかし、それから、カウンセリングに通ったり、コミュニケーションのセミナーを受けたりするなかで、どうすれば人は動いてくれるか、どうすれば気持ちよく働くことができるか、ということを、自分なりに一生懸命考えてみました。

そこから得た知見のようなものを、職場で少しずつ使ってみて、「人が怖い」という気持ちが、徐々に薄らいでいきました。

そして、私はリーダーの職に再度つくことになったのです。

とはいっても、ビビリが直ったわけではありません。生まれつきの性格が変わることはありませんから、今も人と話すときは緊張してしまいます。

**そんな私でも、誰もが知っている世界的な電子機器メーカー企業でリーダー職をつとめることができたのです。**

その秘訣《ひけつ》を、本書のなかで出し惜しみすることなく、明らかにしていきたいと思っています。

一つ先に種明かしをすると、それは**「部下満足度を上げること」を重視したこと。**顧客満足度（Customer Satisfaction）、従業員満足度（Employee Satisfaction）という言葉はありますが、部下満足度（Member Satisfaction＝私は部下のことをメンバーと呼んでいます）というのは聞いたことがないかもしれません。

いずれにしても、考え方を「部下満足度」にフォーカスしたことで、対人関係において人一倍ビビリな私でも、なんとか一つのチームをマネジメントすることができたのです。

「部下満足度を上げること」を実践するようになってからも、最初はなかなか周囲に理解されませんでした。ただでさえビビリであるのに加えて、部下のことを決して叱ったりせず、じっくり話に耳を傾けるようにしたのですから。なかには、ナメてかかってくる部下も現れました。私の言うことに強い口調で反論をしたり、強い態度に出るようになったのです。

そういう状況を見て、「部下に対してもっとリーダーらしく強く出たらどうか」と忠告されることもありました。

それでも、ビビリなりにできる方法で、がんばってみました。

その結果、彼らとの間に信頼関係が生まれ、チームのなかに一つの目標に向かって突き進む土壌が出来上がったのです。


その成果を一冊にまとめたのが本書です。

ビビリならではの部下とのコミュニケーションのポイントを、具体的な会話のＯＫ例・ＮＧ例をたくさん交えて語っています。とにかくビビリなリーダーであるあなたのお役に立ってもらえるよう、精魂込めて書きました。


さて、話が長くなってきました。さっそく本題に入っていきましょう。

ビビリの方、もう二度と部下におびえなくて大丈夫ですよ！

# 目次

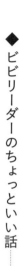

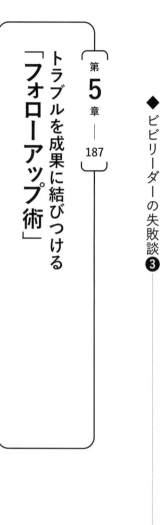

## 第6章 ビビリーダーならではの悩み

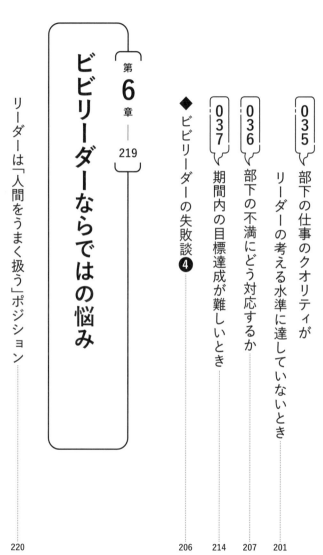

デザイン／ISSHIKI（デジカル）
カバーイラスト／大塚砂織
本文図版／キンダイ
協力／司拓也

# 第1章

# 根っからビビリでコミュ障の私

# 私の経歴

本題に入る前に、私のことをお話しさせてください。興味がないという方は、27ページから始まる第2章からお読みいただいて大丈夫です。

私は昔から機械いじりが好きで、壊れた家電製品を分解して修理することが、子ども時代の大きな楽しみの一つでした。

成長するにつれて設計に興味を持ち、大学は理工学部に進学しました。

就職も電子機器メーカーで、エンジニアとして製品開発を行ってきました。

「自分が手がけた商品を世に送り出したい」という思いで、この仕事に携わってきたのです。

そして、先輩方にいろいろ教えていただきながら、自分なりのこだわりを持って実際に世に商品を送り出してきました。

頭のなかでイメージしたものが、実際に商品として形になるのは、とてもうれしいものです。夢がかなったような気持ちがしたのをよく覚えています。

エンジニアとしてのキャリアを積んでいくうちに、それなりに実績をあげ、社内でも評価されてきて、自信が持てるようになりました。

その当時は仕事がとても楽しく、日々充実していると感じていました。まさかその先、大きな落とし穴が私を待ちかまえているとは思いもしませんでした。

ある日、上司に呼ばれて思いがけない指示を受けました。

「チームの人手不足からメンバーの増員が決まった。ついてはメンバーのまとめ役として、晴瀬くんにリーダーになってもらいたい」

「はじめに」でも述べましたが、私は社交的でなく、コミュニケーションが得意ではありません。

明らかに、リーダーには不向きです。自分でもそれを感じていたのですが、まさか自分がそのリーダーに命じられるとは……。

本来なら上司からリーダーに指名されたことで意欲を燃やし、「よし！　自分の力でチームを大きくするぞ！」となるのでしょうが、私の場合、頭が真っ白になってしまいました。そして、「これはまずいことになった」と、心のなかで頭を抱えてしまったのです。

ただ、冷静になって考えれば、当時の私の年齢だと、リーダーになっても不思議ではありませんでした。自分でも、心のどこかで、いずれ自分もその立場になるだろうとは感じていたのです。

しかし、それからというもの……。私の調子はあっという間に狂いだしました。それまでは、自分の担当範囲を黙々とこなしていればよかったのですが、チームのメンバーに仕事を命じる必要が生じてきたのです（この本では、「メンバー」「部下」の2つの表現が出てきますが、ほぼ同じ意味合いで使っています）。

そう言うと、「部下にどんどん仕事を割り振って、業務を前に進めていけばいいだけじゃないか」と思う人もいることでしょう。

でも、そう思える人は、そもそもこんな本、読まないですよね。

そう思えなかった私にとって、**この「仕事を人に与えてやってもらう」ことが、大きなストレスになったのです。**

実際に何をどうすればいいのかまったくわからないなか、腫《は》れ物に触るかのようなおっかなびっくりの態度でメンバーに仕事をお願いしました。

メンバーの性格はさまざまです。気持ちよく仕事を引き受けてくれる人もいれば、そうでない人もいます。

また人間ですから、そのときの気分によって態度も変わりますし、どう持ちかけられるのかによっても変わってきます。

もちろん、私もそうしたことは重々承知しているつもりでした。

しかし、思っていることと現実との間には大きなギャップがあります。結果として思うように仕事を頼むことができず、神経はすり減り、どんどんストレスが溜まっていったのです。

そして、ストレスの量に比例するかのように、メンバーとの関係もどんどん険悪なものになっていきました。

強い態度で反論してくる部下を強引に従わせるほどのカリスマ性や権威など持ち合

わせているはずもありません。仕事の分担などせず、すべて自分でやることができたら、どんなに楽だろうと思いました。

だんだん体調も悪化し、歩行中にめまいを起こすようになってしまいました。病院で診てもらったところ、眼球が振動して平衡《へいこう》感覚がとれなくなっていることがわかりました。

そして眠れなくなり、一日中体がだるい状況が続き、悪循環にはまっていきました。こうしたことが続いた結果、上司にこれ以上の迷惑はかけられないという思いもあり、自らギブアップを宣言してしまったのです。

## カウンセリングで学んだことをシミュレーションする

その後、産業医と相談し、やむにやまれずカウンセリングを受けるようになりました。

それまで自分自身のことはあまり表に出さなかったのですが、話し始めるとこれまで内に溜め込んでいた気持ちが一気に吐き出されてきました。次第に頭に血がめぐっていき、ふだんの自分ではないような気がしてきました。その過程で自分の思い込みに気がついたり、視点が変わって気持ちが変化していくのを実感したのです。

そこには、エンジニアの仕事に没頭してきた自分とは、また違う世界がありました。

他人に話すことで今までに味わったことのない気持ちの変化を感じた私は、**自分自身が変わらないことには何も変わらない**ということに気づきました。

そして、自分のコミュニケーション方法を変えるヒントを得たいと願い、心理学などのセミナーに行ってみることにしました。

しかし、このようなセミナーに来る人は、勉強熱心でもともとコミュニケーションの得意な人ばかり。自分のマインドとの違いに正直戸惑ってしまいました。ですので、その人たちと同じようには自分はできていないなと感じました。

セミナーの雰囲気には馴染《なじ》めなかったものの、心理学やコーチング、カウンセリングのなかには、ラポール（相手と信頼関係を築く）やミラーリング（相手の姿勢やしぐさのマネをする）のように、コミュニケーションのとり方に関するテクニックが多くありました。

そのなかに、「こんなときには、こうするとうまくいくんだ」という、ビビリでコミュ障の人でも取り組みやすいものがあることに気がついたのです。

もともと理系出身ということもあり、一見無関係に見える複数のことから何らかのパターンを見いだし、それを分類してまとめるのは得意でした。

そこで、セミナーで学んだことを私でも実践できるパターンに落とし込み、シチュエーションを想定して何度も繰り返しシミュレーションしてみました。

ある程度納得がいくまでシミュレーションを重ねたところで、そこから得た知見を職場で1日1回5分程度少しずつ実践してみることにしました。すると、今まで苦労していたコミュニケーションが少しずつ改善してきました。

それから、今まで自分の思っていた「リーダー」像とは程遠いものでしたが、自分なりのやり方でも、リーダー業務がこなせそうに思えてきたのです。

# 第2章

# ビビリーダーが部下を動かす3つのポイント

## 部下満足度の根幹をなすもの

「はじめに」で述べましたように、本書は、私と同じようにビビリでコミュ障的な傾向のあるリーダー（ビビリーダー）の方に向けて書きました。そして、そのポイントとなるのは、これもすでに述べましたように「部下満足度を上げること」です。

この部下満足度の根幹をなすのは、次の3つです。

**（1）メンバーを主役にする「裏方リーダー」のすすめ**
**（2）メンバーが自然に動き出す「お願い術」**
**（3）トラブルを成果に結びつける「フォローアップ術」**

それぞれ具体的に見ていきましょう。

## (1)メンバーを主役にする「裏方リーダー」のすすめ

みなさんはリーダーというと、どんな存在を思い浮かべますか。

見るからに堂々としていて、力強い言葉をメンバーにかけ、みんなが頼りにしているといったイメージではないでしょうか。

そのようなリーダーは、言い換えれば「強いリーダー」でしょう。

実際、ドラマや漫画に出てくるリーダーは、ほとんどがこのタイプのリーダーです。

ビビリでコミュ障の人は、そんな強いリーダーになれません。

ちなみに、ここで書いているビビリとは、人と話すときや人に何かを頼むときに、極度に緊張してしまうことを意味しています。

私は緊張すると、手や脇にびっしょり汗をかき、声や体が震えてしまいます。それは自分でもわかるくらいの異変で、それを相手にどう見られているのか考えると、ものすごく不安になってしまいます。

こんなコミュ障に誰もついていこうとは思わないだろう――そんな引け目も、ビビりの辛さに追い打ちをかけ、ますます自分を追い込んでしまうのです。

ところで、コミュ障のことをウィキペディアは次のように説明しています。

コミュニケーション障害（コミュニケーションしょうがい）＝コミュニティ障害は対人関係を必要とされる場面で、他人と十分なコミュニケーションをとることができなくなるという障害のこと。コミュ障（コミュしょう）とも称されるが、これは実際の障害とは関係なく単にコミュニケーションが苦手な人を指すネットスラングとして使われることが多い。

簡単に言えば、人と話すのが苦手な人のことです。

そういう人がリーダーになったときは、どうすればよいか。

**発想を変えて、裏方リーダーに徹することです。**

裏方とは、自分は表に出ないで、メンバーが力を最大限に発揮できるよう支援をしてあげる役割のことです。

私はそれまで他人と積極的に関わることなく、自分の世界で生きてきました。

私がかつて社内で受けた表彰も、個人に対して与えられたものでした。

そして、リーダーは自分が積極的に表に出て陣頭指揮をとらないといけないと思い込んでいました。


しかし個人ではなく「チーム」として成果を出すことができれば、リーダーの役割を十分に果たすことができます。自分が無理して表に出る必要はないのです。

## (2)メンバーが自然に動き出す「お願い術」

また、コミュ障的な人の場合、とっさに言葉が出てこない傾向があります。

たとえば、メンバーに仕事をお願いしなければならないとき、どういう順番で話せば理解してもらえるか、考えれば考えるほど、どんどん頭のなかが混乱してきます。

話している途中で、「えーっと、そういうことじゃなくて……（無言）」「あー、何話しているんだろう……（無言）」と自問自答してしまったりもします。

無言の時間を恐れるあまり、よけいに緊張して頭が真っ白になってしまうこともあるでしょう。

また、相手に反論されたときや、想定外の返答をされたときに、思考停止に陥り、黙ったまま固まってしまうこともあったりします。

こういう人は、あらかじめ会話事例を読んで頭に入れておけば、言葉が出てきやすくなるでしょう。

これは、第4章でマニュアル化し、詳しく説明していきます。

**メンバーが気持ちよく仕事ができるかどうかは、実は、リーダーの頼み方一つにかかっています。**

反対に頼み方一つで、人間関係や信頼関係が壊れたりすることもあるわけです。

たとえば、メンバーがリーダーに「来月、新製品が出るみたいですね」と話しかけてきたとしましょう。このときリーダーが「あれ、センスないよね」といきなりネガティブな返答をしたら、メンバーは何も言えなくなってしまうのではないでしょうか。

またメンバーが「今、自分の担当部分で問題が生じていて大変なんですよ」と話し始めたところで、リーダーから「そうなると思っていたよ」と言われたとしたらどうでしょうか。「なんで先に言ってくれなかったのか」と思うことでしょう。

メンバーが「そんなリーダーとは一緒に働きたくない」と思ってしまってもしかたありません。

その一方で、言い方一つで、好印象を持たれることもあります。

たとえば、「この部分、イマイチだからやり直して」と言われるより、「この部分をこうすれば、もっとよくなりそうですので、修正をお願いできませんか」と言われたほうが、メンバーはリーダーが自分のことを気づかってくれていると感じます。その気持ちが、「よし、やってみよう！」という思いにつながるのです。

## (3)トラブルを成果に結びつける「フォローアップ術」

仕事にトラブルは付き物です。

なかでも、リーダーにふりかかってくるトラブルとしては、たとえば次のようなものがあります。

●業務をメンバーに任せておいたら、締め切り直前になって全然進んでいないことが判明した。
●問題を抱えているメンバーが発覚を恐れて報告しないでいたら、大問題に発展していた。
●問題を発生させたメンバーを厳しく注意した。これ以降メンバーは慎重になりすぎて、業務が進まなくなってしまった。
●自分が考えていた成果物とは異なるものを、メンバーが上げてきた。その結果、自分がすべてやり直すことになってしまった。

このようなトラブルがあったときは、リーダーがどうフォローアップするかが大事です。

つまりリーダーの振る舞いしだいで、トラブルを成果に結びつけられるかどうかが決まるのです。

このとき、リーダーとメンバーが協力してトラブルを乗り越えられれば、メンバーは一人で解決できたときよりも喜びは大きいですし、自身の成長にもつながります。

また、**リーダー本人もトラブル耐性が上がり、何が起きても動じることがない自信がついてくるでしょう。**

第5章で、フォローアップの【NG例】と【OK例】を説明します。

## 3つのポイントの確認

以上挙げてきた、「ビビリーダーがメンバーを動かす」ための3つのポイント、すなわち、

**(1) メンバーを主役にする「裏方リーダー」のすすめ**
**(2) メンバーが自然に動き出す「お願い術」**
**(3) トラブルを成果に結びつける「フォローアップ術」**

について、ご理解いただけたでしょうか。

この3つのポイントは、私の「部下満足度を上げること」の考え方のベースになっているので、よく覚えておいてくださいね。

では、次の章から、それぞれについて詳しく見ていきましょう。

# 第3章

# メンバーを主役にする「裏方リーダー」のすすめ

# 001

# リーダーはチームを引っ張るべきか

前章で、「ビビリーダーに強いリーダー像は無理」「チームで成果をあげるために裏方に徹する」というお話しをしました。

極論を言うと、リーダーが何もしていなくても、チームで成果が出ていれば、それでリーダーの役割を十分担っているということです。

「チームで成果を出すこと」について、少し掘り下げて考えてみましょう。

たとえば、身近なアイドルでも、アイドルだけのがんばりでは成功できないことはみなさん想像できることでしょう。

華やかな舞台の裏には、主役のアイドルを支える人たちがたくさん存在しているのです。

曲を作る作詞家・作曲家・編曲家の人たち、声がよく出るようにレッスンしてくれるボイストレーナー、ダンスの指導をしてくれるコレオグラファーといった人たちは、アイドルの才能を引き出してくれる役割を担っています。

また、ステージを設営してくれる人、照明や音響の人、進行を管理してくれる人など、活動を円滑に行うために段取りをしてくれる人たちもいます。

さらに、ファンの心をつかむための方向性を考える人、広告宣伝を考える人、ビジネスとして予算を管理する人など、運営に回る人たちもいます。

このように、それぞれの専門家が集まってチームとなり、アイドルという成果物を生み出しているのです。**全体を見ているリーダーは表に出てきませんね。**

このことを踏まえて、仕事のチームのことを考えてみます。

つまり、リーダー自身が表に出なくても、チームのメンバーが主役になって表に出ていればいいのです。

**ここがポイント**

**主役はあくまでチームのメンバー**

# 002

# ビビリに長所なんてあるのか

チームのメンバーが主役になるとは、具体的にはどんなイメージでしょう。

リーダーはあくまで影のような存在で、表舞台のメンバーがいきいきとモチベーション高く仕事をしていて、各個人が輝いて見える……。これこそが、メンバーが主役になっている状態です。

そういう状態に持っていくには、メンバーに気持ちよく仕事をしてもらうのが一番の近道。そのためにも、ビビリーダーは徹底してサポーター役に回りましょう。

とはいっても、表に出ようが、裏方に回ろうが、ビビリーダーがコミュ障であることに変わりはありません。

はたして、ビビリーダーにサポーター役が満足につとまるのでしょうか。

そんな不安を払拭《ふっしょく》して自信をつけていただくためにも、これからビビリーダーならではの長所について考えてみます。

「そんなのないよ！」という声が聞こえてきそうですが、ビビリでコミュ障なりのいいところはあるものです。

それを、以下に挙げてみますね。

●真面目に仕事に取り組むことができる
●相手に対する気づかいができる
●リスクを予想することができる
●慎重に判断することができる
●感情的にならず、落ちついて行動できる

——いかがでしょう。こうして眺めていると、まんざら捨てたものでもないと思えてきませんか。

なかでも、**「相手にどんなことをしてあげればいいかを想像する」のは、得意分野**です。

こうした長所をメンバーのサポートに活かすようにしましょう。

ここがポイント

**「真面目」「気づかいができる」……。ビビリの長所はたくさん。もっと自信を持とう**

# 003 ビビリーダーが率先してやるべきこと

最初に行うべきサポートは、メンバーが仕事に集中できる状態に持っていくことです。

仕事をしていると、他部署や外部からの問い合わせの電話や、突然の打ち合わせの要求など、集中力を乱す〝邪魔者〟が現れます。

私の場合、そういうときは自分がチームの窓口となって、さまざまな用件に対応するようにしています。

ちょっとした雑用なら、自分がささっと済ませてしまえば、メンバーの仕事に支障はきたしません。

また、自分一人の力では手に余る雑用の場合は、メンバー全員で一気に済ますように段取りをします。それなら短時間で済みます。

こうした雑用を処理する場合は、タイムマネジメントが大事になってきます。つまり本来の業務との間での優先度の判断です。

私の場合、**まずは締め切りが決まっていて残り時間が少ない仕事を最優先に考えます。**締め切りが守られないと、それを前提に動いているお客様や関係者に迷惑をかけてしまうからです。

もし本来の業務をストップしてでも、進めなければならない仕事が来てしまった場合は、上司に直接優先度を決めてもらったほうが、ビビリーダーにとっては安心です。「これを進める代わりに本業が1日遅れますけれどよろしいでしょうか?」と了解をとっておけば、メンバーは業務に集中できるわけです。

**ここがポイント**

**ビビリーダーは、率先して雑用を担当しよう**

# 004

# ビビリのコミュニケーション問題

リーダーは社交的で常にメンバーとコミュニケーションをとるべきだと思い込み、それを重荷に感じているビビリーダーも多いかもしれません。

でも、悩むことはありません。

**職場をともにしているのは、仕事上関係のある人たちであって、あなたの友人ではありません。**

ですから仕事に支障をきたさない範囲で、最低限のコミュニケーションがとれていれば問題ないのです。

最近では、テレワークなどの環境も整いつつあり、職場のコミュニケーションのとり方も変わってきました。

これまでは、リーダーとして、メンバーをたまには飲みに誘ったりしないといけないのかなと憂鬱に思っていたかもしれません。

これがオンラインとなり、短時間で効率的に行うようになってきています。

ビビリーダーには都合がいい方向に社会が変わってきていますので、うまく活用していきましょう。

ここがポイント

**ビビリーダーは部下と最低限のコミュニケーションがとれていればいい**

# 005 部下に自分を理解してもらうには

セミナーなどに参加すると、隣の席の人や同じテーブルの人と仲良くなるために、アイスブレイクや自己紹介の時間が設けられていたりします。

そういうとき私は、「私は晴瀬と言います。実は、こういう初対面の場は緊張してしまうんです」と、自分の苦手なことを先にカミングアウトするようにしています。

こうして、無理に「ふつうアピール」をせず、自然体で振る舞うと、だんだんと気持ちが落ち着いてきます。

それを聞いて、相手も「わかります。私も同じです」と言ってくれたりすると、ますます安心するのです。

それは職場でも同じこと。ビビリーダーも早い段階でメンバーにビビリであることをカミングアウトしましょう。

このとき、物静かな人物であることをメンバーに認識してもらえれば、大成功です。最初に自分の気持ちを素直に出しておけば楽になれますし、相手もこちらのことがわかって話しかけやすくなります。


**まずはリーダーから最初に話しかけるようにしましょう。**


そこだけは、ビビリでコミュ障の人もがんばってみてください。

声が小さくても震えていてもかまいません。

自分はビビリでコミュ障の人間だとわかってもらえれば、それでいいのです。

そうであるにもかかわらず、一生懸命話そうとする姿が、メンバーの心を打ち、信頼を得ることにつながるのです。

私が初めてリーダーになったときは、

「おはようございます。今度の○○チームのリーダー担当になりました晴瀬です。正直、人と話すのは得意ではないけれど、担当になったからには一生懸命がんばりますので、これからよろしくお願いします」

と自己紹介をしました。こうして自分へのハードルを下げるようにしたのです。口ごもっていて何を言っているのか理解されなかったかもしれませんが、きっとメンバーのほうが気を回してくれて、私のことを「そういう人なんだ」と理解してくれたと思っています。

ここがポイント

**最初に自分の弱点をカミングアウトしよう**

# 006

# 会話で信頼関係をつくるには

あなたは自分が話している途中で、相手に別の話題に変えられた経験はありませんか。

また、楽しく話している途中で、話をさえぎられたことはありませんか。

そのとき、どんな気持ちがしましたか。

自分の存在を認めてもらえない気がして、悲しい気持ちになったりはしませんでしたか。

**特に私のような理系の男性に多いのですが、相手に相談をされている途中で話をさえぎり、つい先回りして解決法を教えたくなることがあります。**

「それって、こうすればいいのでは?」

と言ってしまうのです。

しかし、そこで結論を出してしまうと、相手は宙ぶらりんのまま、自分だけがスッキリして会話が終わってしまいます。

そうならないためにも、ふだんから相手の話をさえぎらずに聞くことを意識するようにしましょう。

これは簡単なようで意外と難しいのですが、トレーニングしだいで、誰にでもできるようになります。

まずは、１分だけでも黙って聞くことを心がけましょう。

**ここがポイント**

**まずは１分間、黙って相手の話を聞こう**

# 007

# ひとり言の効用

ビビリでコミュ障な人は、自己主張が苦手です。

その結果、不満やいらだちなどの感情を自分のなかに溜め込みがちです。

だからといって、そのままの状態でいると、周りには理解されないわ、メンタルはやられるわで、何もいいことがありません。

自分が置かれた状況を理解してもらうためには、やはり自分から主張をしなければなりません。

その場合、周りに聞こえるようにひとり言をつぶやいてみることをおすすめします。

私も以前は、不満やいらだちの感情があっても、ひたすら自分のなかに閉じ込めているだけでした。

しかしあるとき、

「はぁ、これ間に合わないな、まずいなぁ」

「いやぁ、どこから手をつけたらいいのかなぁ」

「あー、うまくいかないどうしよう」

と小声で口に出してみることにしました。


すると、周りの親切な人が「大丈夫？」と声をかけてくれるようになったのです。


実は私には、ひとり言のお手本がいました。

私の席の近くにひとり言をつぶやくのがクセになっている人がいて、その人が何かブツブツ口にするたび気になっていたのです。


**でも、それを聞くともなしに聞いているうちに、この人はどういう性格なのか、どんな感情なのかが、だんだん理解できるようになってきました。**

そして、コミュ障な自分でもひとり言をつぶやいているうちに、外に少しずつ感情を出していけそうという気持ちになってきたのです。

ひとり言の中身は、困ったことだけでなく、うれしいことでも何でもかまいません。

「おっ、すごい」

「やった、ラッキー」

「よし、うまくいった」

「あー、残念」

「うわ、緊張する」……。

こうして心の声を少しずつ外に出していくと、気持ちが楽になっていきます。

まずは、「はぁ、」「お、」などという、短い言葉を発してみるのもおすすめです。

**ここがポイント**

**「心の声」をひとり言にして外に出してみよう**

# 008

# 仕事のお願いは、会話か、メールか

ビビリでコミュ障の人は、他人と会話をするのが苦手で、そういう機会はなるべく避けたいと考えています。

ですから人に仕事を頼むときも、ついメールやチャットなどに頼りがちです。

はたして、それでいいのでしょうか。

ここで、お願いされる側の気持ちを考えてみましょう。

何の前触れもなくメールで指示を飛ばしてくるリーダーと、「Aさんにお願いできないでしょうか」と席まで足を運んでくれるリーダーとでは、メンバーが「力になろう」という気持ちになるのはどちらのリーダーでしょうか。

言うまでもなく、後者のほうですね。

自分を一人の人間として扱ってくれた気持ちになるからです。

最近はテレワークなどの普及もあり、直接顔を合わせて話すのが難しいこともありますが、そういう場合でもメールやチャットをした後は、電話をかけて直接自分の言葉で伝えるようにしましょう。

そのひと手間の気づかいが、相手の気持ちを動かすのです。

**職場の従業員満足度（ES＝Employee Satisfaction）は、仕事の内容より人間関係で決まるとさえ言われています。**

そして伝え方一つが、人間関係を良くも悪くもするのです。

リーダーがメンバーに仕事をお願いするときは、相手は機械ではなく人間ですので、相手に気持ちよく仕事をしてもらえるよう、最低限のポイントだけは押さえておくようにしましょう。

ここがポイント

**最初のお願いは、直接話そう**

# ビビリーダーの失敗談1

私は自分のことを温厚な性格だと思っていますが、それでも思わず感情的になってしまったことがあります。

私のメールアドレスに、別のチームのリーダーから業務の指示メールが来たときのことでした。

最初の１通が届いてまもなく、関連メールが立て続けにたくさん転送されてきたのです。

合計するとかなりの量で、はたしてどこから手をつけたらいいのか途方に暮れました。

その人とは、あまり話をしたことはなかったのですが、なんと席はすぐ近くでした。

私は、そのリーダーの席に足を運び、「メールの件、いきなりすぎます」と、私にしては強い口調で抗議をしてしまいました（抗議には聞こえなかったかもしれませんが……）。

今思えば、そのリーダーも、私と同じようにコミュニケーションが上手な人ではありませんでした。

彼は私と直接話すのを避けた結果、感情的な摩擦を招いてしまったのです。

そしてそのことから、自分もメンバーに対して同じことをしているかもしれないと気がつくことができました。

# 009

# ちょっとしたお願い

メンバーにお願いごとをするとき、「（**あなたに**）**こうしてもらえると、**（**私は**）**大変助かるのですが**」という表現をすると、命令口調にならずに、相手が受け入れやすい言い方になります。ポイントは、自分の気持ちを加えるところです。

「私は○○をお願いしてもいいですか」と質問をするのも有効です。質問にすることで、「受ける・受けない」の選択権が相手にあることを確認でき、命令口調になりません。

以下、いくつかご紹介します。便利な言い回しですので、使ってみましょう。

こういうお願いをすると相手の気持ちを損ねるという【NG例】と対比するかたちで、【OK例】を紹介しますね。

**NG例**

「Ａさん、足りない伝票を発注しておいて」

「Ａさん、ここを掃除しておいて」

「Ａさん、契約書の原本を作っておいて」

（すべて単なる命令）

**OK例**

「Ａさん、足りない伝票を発注しておいてもらえると、（私は）大変助かるのですが」

「Ａさん、ここを掃除してもらえると、（私は）大変助かります」

「Ａさん、（私は）契約書の原本を準備しておきたいのですが。（私は）作成をお願いしてもいいですか」

**ここがポイント**

**お願いの言葉には、自分の気持ちを盛り込もう**

## 010

# ビビリーダーに「連帯感」は鬼門？

チームを運営していく上で、大事になってくるのが連帯感です。

連帯感を感じられると、メンバーにチームのためにがんばろうという気持ちも生まれてきます。

しかし、**ビビリでコミュ障な人にとって、「連帯感」は厄介《やっかい》なキーワードです。**子どもの頃から集団で一つの目標に向かって突き進むのを苦手としてきましたから、「連帯感」などほとんど味わったことがありません。自分が感じたことがないものを、人に感じてもらうには少々無理があります。

また、強いリーダーではありませんから、そのカリスマ性で、メンバーの気持ちを駆り立てることなどできないのです。

でも決して不可能ということではありません。

ここからは、ビビリーダーでもチームの連帯感を上げられる方法についてお伝えします。

ここがポイント

**ビビリーダーでも、チームに連帯感をつくることは不可能ではない**

# 011

# 1日の始まり

コミュ障の人のなかには、いつの間にか出社し、いつの間にか退社して……という幽霊のような人がいます。「おはようございます」「お先に失礼します」といった、出社時、退社時のひと言がないからです。

メンバーならそれも許されるかもしれませんが、リーダーがそんなことでは困りますね。

そこでビビリーダーも、まずはあいさつから。あいさつを返してくれなかったり、声が小さいので気づかれなかったりするかもしれませんが、それでもやってみましょう。

**実は、あいさつをすることには、「あなたの存在を認めていますよ」というメッセージが含まれています。**

相手の存在を認めるということは、自分に関係する人であると認識していることを表します。そんなメッセージを含んだあいさつのやりとりには、互いに組織の一員としての「連帯感」を高める効果があるのです。

あいさつの後は、無理に会話を続ける必要もありません。何より自分がスッキリするためにも、あいさつをしましょう。職場の雰囲気がよくなり、それが連帯感につながっていくはずです。

ここがポイント

**あいさつから始めよう**

# 012

# 組織の一員であるという意識

「我々」「私たち」などという言葉には、組織の連帯感を高める効果があります。そこには「あなたも組織の一員ですよ」というメッセージが入っているからです。

ビビリーダーがか細い声で「我々が」と言ったとしても、迫力不足の感は否めません。それでもがんばって口にしてみれば、**リーダーの切実な気持ちがメンバーに伝わるはずです。**

**NG例**

「目標は、今年度に黒字化を達成することです」

**OK例**

「我々の目標は、今年度に黒字化を達成することです」
「私たちの力を合わせれば、きっと達成できるでしょう」

どうでしょうか。
このひと言があるとないとでは、大きく印象が変わりませんか。
このような効果的なひと言を使わない手はありませんね。

**ここがポイント**

**意識して、「私たち」「我々」を使おう**

# 013
# 同僚や上司への言葉づかい

ビビリでコミュ障の人は、他人との間の距離感をつかむのが苦手です。

といっても、距離が近いということはほとんどなく、多くの場合、距離を置きすぎて、コミュニケーションがぎこちないものになってしまうことはよくあります。

その傾向は、敬語においても表れています。

上司や先輩には、きちんとした敬語を使わなければならない――。これは、コミュ障であるかどうかにかかわらず、ほとんどすべてのビジネスパーソンが考えることでしょう。

ただ、ひと口に敬語といっても、尊敬語、丁寧語、謙譲語などがあり、これらを正しく使い分けるのは結構難しいことです。

また、社内での立場を意識しすぎると、敬語を使うことでかえってよそよそしい印象を相手に与えてしまいかねません。

たとえば、こんな感じです。

「その件は、課長もご存じでいらっしゃいましたか」
「課長もその記事をお読みになっていらっしゃいましたか」

なんだか過剰で、舌を噛《か》みそうですね。

そうならないよう上司や先輩には、敬語のなかでも丁寧語（です・ます）を使うことをおすすめします。まあ、**「です・ます」を使っていればまちがいない**ということです。

私は国語の専門家ではないので一部正確ではないかもしれませんが、自分で使ってみて違和感がなかった表現を、以下に○として挙げてみます。

文章にすると、△の表現も違和感がなさそうに見えますが、実際言葉にしてみると、心の距離があるような気がします（ビビリだと、なおさらです）。

ビビリでコミュ障のビビリーダーも、こういう表現を使うことで、少しずつ話すことに慣れていきましょう。

△「お聞きになりましたか」
○「聞かれましたか」
○「聞きましたか」

△「ご存じでしたか」
○「知っていましたか」

**OK例**
「その件は、課長も知っていましたか」

△「お読みになりましたか」
○「読まれましたか」
○「読みましたか」

**OK例**

「課長もその記事を読みましたか」

△「今、少々よろしいでしょうか」
○「今、ちょっといいですか」

**OK例**

「課長、今、ちょっといいですか。先日課長が言っていた件なのですが……」

△「何とおっしゃいましたか」
○「何と言われましたか」
○「何と言いましたか」

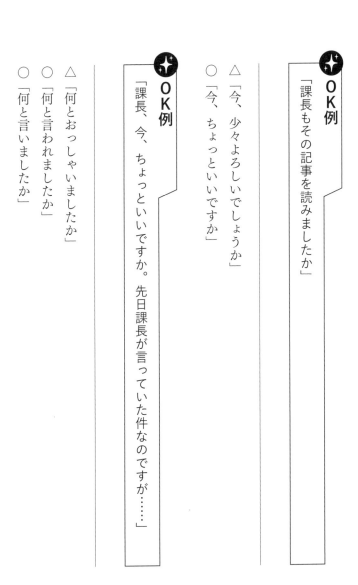

どうでしょうか。

直属の上司や先輩なら、このような言葉づかいで、心の距離を縮めることができるのではないでしょうか。

でも、お客様に対しては、失礼のない言葉づかいでいてくださいね。

ここがポイント

**上司に過剰な敬語は避けよう**

# 014
# 年下への言葉づかい

初めからタメ口で話しかけてくる同期入社の人や、自分より明らかに若手で仕事以外の雑談もするような人なら、ビビリでコミュ障な人でも少しずつタメ口を交ぜて返すようにしてみましょう。

そうすれば、相手との距離がだんだん縮まってくることが実感できるでしょう。

ただ、近い年齢でも、入社年次における先輩後輩を気にする人もいたり、仕事以外の話をあまりしない人も多いかと思います。

これらの対応に迷うような人たちには、タメ口でなく「です・ます」で対応しておけばまちがいないでしょう。

そもそもビビリでコミュ障の人は、相手との距離感をつかむのが苦手です。そのため、**タメ口も苦手なのですが、ひとり言をタメ口で言ってみるようにすると、自然に**

**口をついて出るようになります。**

「それ本当ですか？」

**OK例**

「えーっ、（私は）なんか違うように感じるけど……それ本当ですか？」

「ありがとうございます」

**OK例**

「（私は）うれしいなぁ……ありがとうございます」

「なんとかなりませんか」

**OK例**

「（私は）いやぁ、まいったなぁ……なんとかなりませんか」

どうでしょうか。
これなら、ビビリな人でも言いやすくないですか。

ここがポイント

**年下には、「タメ口のひとり言」を効果的に使おう**

# 015

# 年上への言葉づかい

ビビリーダーのなかには、ときどき自分よりも年上のメンバーに仕事をお願いすることもあるでしょう。

ビビリの人にはあまりいないのですが、なかには勘違いする人がいるのであえて言っておくと、リーダーとメンバーはそれぞれ単に役割や立場の違いであり、リーダーのほうが偉いとか、人間的に優れているというわけではありません。

**会社という組織の枠がはずれれば、リーダーもメンバーも上司も部下もない**ということを常に意識をしておきましょう。

メンバーは仕事上、リーダーの指示を受ける立場にあるにすぎません。なのでリーダーは、**「メンバーにいかに気持ちよく仕事をしてもらうか」**をいつも心がけるようにします。

そういう場合、「です・ます」口調でお願いをすれば、失礼にもならず安心して話をすることができます。

また、年上のメンバーに仕事をお願いするときは、年長であることの強みを活かせるようなかたちで業務を割り振るようにしましょう。

その際、長年の経験、培ってきたスキル、社内外の豊富な人脈……。これらのことに敬意を払い、常に教えていただく姿勢を忘れずにいれば、心強い味方になってくれるはずです。

**OK例**

「こういうことで困っているのですが、これまでこのような経験はありませんでしたか」

「こういうことで困っているのですが、相談に乗ってもらえますか」

「こういうことで困っているのですが、この分野に詳しい知り合いの方はいませんか」
「（業務）をお願いできると大変助かるのですが、協力してもらえませんか」

ここがポイント

**年上には「です・ます」口調を使ってまちがいなし**

# 016

# 「連帯感」を高めるには

NG例

「そんなトラブルがあったなんて、知りませんでした」
（自分には責任がないと言い訳する）
「Aさんからトラブルの報告がありませんでした」
（チームのメンバーの名前を挙げて言い訳する）

チームのメンバーが抱える問題が、チームの外にまで影響を及ぼしてしまった……。
そんなとき、メンバーを守るのがリーダーのつとめです。
**メンバーに降りかかる雨に対して傘のような存在である。**それが、私の考えるリーダーの理想像です。

ビビリーダーにとっては、少々ハードルが高いかもしれませんが、メンバーの問題でチーム外の人に迷惑がかかったときは、チームを代表し、率先して謝るようにしましょう。それが、「メンバーの傘になる」ということです。

よけいなことは言わず、「申し訳ございません」のひと言で十分だと思います。

**OK例**

「申し訳ございません」

（よけいな言い訳をせず、シンプルな謝罪に徹する）

「申し訳ございません。私の確認が不十分でした」

（まず謝罪し、リーダーである自分に非があることを認める）

「申し訳ございません。おっしゃる通りです」

（まず謝罪し、相手の言うことを認める。特に相手が感情的になっているときに有効。ある程度言いたいことを外に発したら、落ち着く可能性もある）

ここがポイント

**メンバーの失敗は、自分の失敗。率先して謝ろう**

# ビビリーダーの失敗談2

以前、プロジェクトを統括するマネージャーから、チームメンバー全員に招集がかかり、度重なるスケジュールの遅延に関して注意を受けたことがありました。

ビビリーダーである私は、ここで何か言おうものなら火に油を注ぐことになりかねないので、ただ黙って嵐が過ぎ去るのを待っていました。

ミーティングの終了後、チームメンバーの一人から、

「なぜ、あそこで反論してくれなかったんですか？　がっかりしました」

と言われ、私は大きなショックを受けました。

自分のことしか考えていなかったことに気がつきました。

今考えれば、マネージャーがメンバー全員を集めて注意したということは、私をはじめリーダークラスが機能していなかったからにほかなりません。

このとき、

「申し訳ございませんでした。私の見通しが甘かったです」

というひと言があれば、メンバーの気持ちは変わっていたでしょう。

リーダーが傘となってマネージャーからの注意を受け止めることができれば、メンバーはリーダーが守ってくれているという安心感を抱くことができたと反省しています。

# 017

# 感謝の効用

人に何かをしてあげたとき、感謝の気持ちを言葉にして伝えられ、すごくうれしく感じたことはありませんか。

このように「ありがとうございます」「助かりました」のひと言で、自分の仕事に価値を見いだせることがあるのです。

そのひと言を聞きたいがために、日々仕事に取り組んでいる人もいます。これは、お客様からのひと言かもしれませんし、一緒に仕事をしている人からのひと言かもしれません。

このように、**感謝の言葉には、とても強い力があるのです。**

まずはリーダーが、メンバーに感謝の気持ちを伝えることから始めてみましょう。

リーダーは、メンバーがお願いした仕事をやりとげてくれたときには、その場で感謝の気持ちを表すのです。

ビビリでコミュ障なビビリリーダーは、「ありがとうございます」のひと言でかまいません。

ふだんから心がけて、口グセにしてしまいましょう。

さらに「とても助かりました」と添えると、自分が役に立ったことをより実感してもらえます。

**OK例**

ありがとうございます。Aさんにお願いしてとても助かりました。

ここがポイント

**感謝の言葉を惜しまず口にしよう**

# 018

## 「貢献」の実感

メンバーが仕事をうまくやりとげたとき、リーダーはどういう反応をすべきでしょうか。

**NG例**

- 何も言わない。
- 「うまくいったのは、私の指導のおかげだ」（自分の手柄にする）
- 「私がやれば、このくらいは達成できるね」（自分の能力を誇示する）

自分の仕事が組織に貢献できているのを認めてもらえると、仕事への意欲もわいてくるものです。**人はみな承認欲求を持っているから**です。

メンバーの仕事が組織や会社にどう貢献できているのか。それをメンバー自身に理解してもらうには、きちんと言葉で伝えるようにしましょう。

自分のあげた成果にリーダーが関心を持ってくれているというのは、メンバーにとってうれしいものです。

前項に挙げたように、感謝に加えてリーダーが関心を持っていることを示すひと言を追加するといいでしょう。

**OK例**

「プレゼンありがとうございました。提案の内容をお客様に納得してもらえましたね。Aさんのおかげです」

「先日は資料作成ありがとうございました。つくってもらった資料が、課長会で

『わかりやすい』と評判がよかったそうです。課長がほめていました」

特に会社に入って日が浅い新人のメンバーは、組織の全体像が見えていないため、自分の仕事が会社の役に立っているのかどうか理解しにくいものです。

今手がけている仕事の成果物がまず誰に渡るのか、その先はどうなるのか、最終的に社会に対して間接的にどう影響を与えることになるのか……。こうしたことを、新人のメンバーが実感できるように説明できると、メンバーのモチベーションアップにつながります。

さらに、今の仕事が社会にどう貢献できているのかまで提示できたら、リーダーの役割としては上出来です。

OK例

「私はこれからお客様のところに行きます。Aさんに担当してもらった商品が展示されているところが見れますよ。一緒に見に行きませんか？」

ここがポイント

メンバーの「貢献」を言葉にして伝えよう

## ビビリーダーのちょっといい話

初めてお店で売る商品に関わったときのことです。

私は付属品の制作やユーザーサポートの担当というかたちで関わりました。

初めての業務もたくさんあり苦労しましたが、製品が無事に出荷されたとき、ホッとしたのと同時に、すごくワクワクしたのをよく覚えています。

あるとき、商品のプロジェクトリーダーが「お店に並んでいるのを見に行こう」と声をかけてくれました。

よく知っている店に、新製品入荷のポスターが貼られていました。

その下に、ずっと関わっていた商品が陳列されているではありませんか。

そう、私はこの光景を見たくて、今の会社に入ったことを、改めて思い出しました。

言葉にならないくらいにとても感動しました。

一生忘れられない思い出です。

その製品の前を行ったり来たりしながら、ずっと見続けていました。

手にとってくれているお客様の姿を見て、胸が熱くなりました。

自分の仕事が社会とつながっていることを、初めて実感できた瞬間でした。

# 019

# 部下の「正当な」評価

最初にNG例から。

**NG例**

「(自分が) わかりやすくつくった説明用資料です」
「(自分が) がんばって、なんとか間に合いました」
「(自分が) 素晴らしいアイデアを持ってきました」
「(自分が) Aさんに率先して本件を依頼しました」
「(自分が) 目標件数を達成できました」
(すべて、自分の手柄にしてしまう言い方)

リーダーはメンバーの貢献に対し、社内で正当に評価されるよう後押しをしましょう。

リーダー自身にとってもそれはメリットのあることで、メンバーのことをよく見ていると評価されるはずです。

また、リーダーが評価していたことが間接的にメンバーに伝われば、それがリーダーに対する信頼につながります。

これらのことを念頭に置いて、リーダーとしての行動を起こしていきましょう。

まずは、メンバーの成果物について、良いところを言葉で具体的に表現してみましょう。

たとえば、

「このグラフ、わかりやすくていい出来ですね。どうやってつくったのですか？」

これを聞いたメンバーは、リーダーに評価されたことをうれしく思うでしょう。自分の仕事に関して評価を聞く機会は少ないので、リーダーのひと言が自信にもつながっていきます。

このようにリーダーは、自分は裏方に回り、メンバーを主役にしてどんどん輝かせてあげるようにしましょう。

そのため、上司への報告の際は、メンバーが最大限評価されるよう、出し惜しみせず、メンバーの貢献をどんどん表に出していきましょう。

その場に本人がいなくてもかまいません。良い話は、間接的にでも本人に伝わるものです。

このとき、**リーダーであるあなた自身が自己アピールする必要はありません。あなたの評価は後でついてきますので、心配無用です。**

リーダーの役割は、「チームで成果を出す」こと。

リーダーの成果は、「チームでの成果」なのです。

## OK例

※傍線部のところは、音量を上げて伝えると、より効果的に伝わります。

「Aさんが、わかりやすくつくってくれた説明用資料です」

「Aさんのがんばりで、なんとか間に合いました」

「Aさんが、素晴らしいアイデアを出してくれました」

「Aさんが、率先して本件を引き受けてくれました」

「Aさんの努力の結果、目標件数を達成してくれました」

ここがポイント

**会社や上司に、部下の手柄をどんどん報告しよう**

## ポイントのおさらい

ここまでお伝えしてきたことを、おさらいする目的で、ワークをやってみましょう。

特に重要なポイントをおさらいしておきます。

**◆親しみやすい話し方で、「連帯感」を高める**
**◆メンバーに「感謝」を伝える**
**◆メンバーが「評価」されるように立てる**
**◆メンバーに「貢献」していることを実感させる**

この4つを念頭に置いて、次のワークにチャレンジしてみてください。

## 実践ワーク

あなたは職場の改善委員になっているとします。この場合の改善委員とは、改善委員会に属して社内の改善アイデアを集める人のこと。この委員会は、改善活動の活発化を目的に設立されたもので、改善数の多い職場に対しては表彰も行われています。

あるときチームリーダーであるあなたは、改善委員会の責任者である課長に呼ばれました。

課長「あなたのチームが出した改善件数が、全チームのなかで最下位グループに位置しているとの中間報告がありました。もうちょっとがんばってほしいですね。特に若手のメンバーには積極的にアイデアを出してもらって、改善活動を推進してください。よろしく頼みますよ」

あなた「はい、わかりました」

これを受けてあなたは、改善委員としてリーダーシップを発揮するべく、若手にもっと改善アイデアを出してもらうよう動きかけることになりました。
そこで、若手のなかからAさんを呼び出し、直接お願いをします。
あなたなら、どのようにお願いをしますか。
5分間考えてみて、それから次の回答例に進んでください。

## 回答例

あなた「Aさん、今ちょっと時間をもらってもいいですか」
Aさん「はい、大丈夫です。何でしょうか」
（最初のお願いは直接話す）

### 親しみやすい話し方で、「連帯感」を高める

あなた「私は改善委員で改善活動を推進しているのですが、実は我々のチームの改善数が最下位グループにあると課長から中間報告がありました。この状況から抜け出るために、Aさんに協力をお願いしたいと思って

いいます。フレッシュな視点で改善案出しに協力してもらえると助かるのですが」
（「我々」という言葉で、組織の一員であることを意識してもらう）
（同僚には「です・ます」を使う）
（ちょっとしたお願いの仕方）
Aさん「はい、協力いたします」

## メンバーに「感謝」を伝える

あなた「ありがとうございます。いやぁ、課長からもプレッシャーを受けて焦ってたんで……とても助かります」
（ひとり言をタメ口で）
あなた「若手メンバーに集まってもらって、まずはアイデア出しをしたいと思います。来週月曜日の13時にミーティングを設定する予定です」

Aさん「承知しました」

## メンバーが「評価」されるように立てる

課長「改善アイデアの件はどうですか」
あなた「課長、月曜日にアイデア出しのミーティングを行いました。特にAさんは率先して5件も準備してきてくれました」
課長「そうか、Aさん、がんばってくれたな」

## メンバーに「貢献」していることを実感させる

あなた「Aさんが改善活動に協力してくれたことを課長がほめていました」
Aさん「本当ですか。ありがとうございます」
あなた「改善のアイデアも若手のフレッシュな視点が入ってよかったです。特に、人の動線に当たるところに必要な道具を置くアイデアは、すぐ道具を使うことができるようになって効率がアップしたと感じています」

いかがでしょう。

場面設定の具体的な内容は理解できなくても問題ありません。話の流れがイメージできていればそれで十分です。

# 第4章

# メンバーが自然に動き出す「お願い術」

## 格段に増える「人に関わるスキル」

この章では、プレーヤーからリーダーになった際に必要なスキルを説明していきます。

リーダーになると、言うまでもなく「人に関わるスキル」がこれまで以上に求められます。

これは、ビビリでコミュ障の人にとって一番苦手なスキルかもしれません。でも、どうかあきらめないでください。この本を読んでいるあなたより、もっともっとビビリでコミュ障な私でも、なんとかできるようになったのです。あなたにできないわけがありません。

リーダーとしてメンバーとうまく関われるようになるためにも、これからお話しすることを、しっかり身につけてくださいね。

「自分はリーダーなんだからメンバーの見本にならなければいけない」「あるべき姿

を見せないといけない」という思いが強すぎると、自然と「自分視点」になってしまいがちです。**自分視点でものごとを見てしまうと、ひとり相撲のような状態になってしまい、チームはうまく機能しません。**

「自分視点」の反対が「相手視点」です。相手視点でリーダーが動くと、メンバーはそれに従って自然に動くようになります。

相手視点になるには、リーダーの発する言葉が重要になってきます。

「自分視点」と「相手視点」の違いを理解するために、両者を対比するかたちで、これから話を進めていきますね。

コミュ障の人の場合、とっさに言葉が出てこない傾向があります。その状態を解消するためにも、この章で触れる「相手視点」でコミュニケーションをとるようにしてみてください。すると、状況に応じて、的確な言葉が自然に発せられるようになりますよ。

＊

この章では、リーダーがメンバーに細切れの指示を与えるのではなく、ある程度まとまった業務を任せるシーンをイメージして話を進めていきます。

具体的には、数名のメンバーからなる小規模のチームが集まって一つのプロジェクトに取り組むイメージです。プロジェクトは数か月から1年以上にわたって進行します。

あなたは、マネージャー（課長）から小さいチームのリーダーとして指名され、部下も数人つけてもらったとします。

チームでのアウトプットは、プロジェクトの進行に合わせて、マネジメント層への定期的な報告、トップマネジメントへの中間報告のようなものもあれば、展示会出展などのかたちのものもあります。

ここで言うリーダーは一般的には主任・係長クラス、マネジメントは課長クラス、トップマネジメントは部長・事業部長、役員クラスをイメージしたものになります。

また、仕事と業務という2つの似た言葉が出てきますが、ここでは、仕事を行うために個々のやらなければならないことを業務と表現しています。

# 020

# リーダーとして部下に関わる

あなたは、マネジメントからチームとして期待される成果についての説明を受けた後、メンバーの業務分担、進捗《しんちょく》管理まで任されることになりました。

ここから、リーダーとしてメンバーに大きく関わるシーンになっていきます。

**ビビリでコミュ障のビビリーダーは、自分が言ったことがメンバーにどう受け止められるかをとても気にします。**

自分の言ったことで、相手に嫌われたりしないだろうか、不快な印象を与えていないだろうか……など、気になりだしたら止まりません。

そうなるのは、まだ「自分視点」でメンバーのことを見ているからです。これでは、リーダーも不安ですが、メンバーにもその不安が伝わって、仕事がしにくく感じることでしょう。

そこで、ここからは「相手視点」に切り替えていきます。

自分がメンバーとして、リーダーに仕事を振られるとしたら、どんなふうに頼まれたら気持ちよく仕事を引き受けたくなるでしょうか。

チームの一メンバーだった頃は、そんなことは特に意識していなかったかもしれません。

でも、このことが意識できるようになると、メンバーとのコミュニケーションは劇的に改善するはずです。

**ここがポイント**

**「相手視点」でコミュニケーションが劇的に改善する**

# 021

# 部下と面談する

もし、メンバーのことをあまり知らない状態でリーダーになったなら、メンバー一人につき30分くらいの時間をとって、面談の機会をつくるようにしましょう。

この面談の一番の目的は、もちろんメンバーのことをよく知ることです。

同時に、あなたのこともメンバーによく知ってもらう意味もあります。


**面談の際に注意したいのは、自分の話はあまりしないことです。**

特に年輩のリーダーにありがちですが、自分の武勇伝や過去の栄光をとうとうと話す人がいます。しかし、そんな話に終始して時間切れになってしまったのでは、メンバーにとって時間のムダ以外の何物でもありません。

また、メンバーに質問をしていくうちに、メンバーが考え込んで黙ってしまうこともあります。そういうとき、沈黙を避けるために、あなたが無理に口を開いたりするのはＮＧ。**メンバーに、自分の考えを整理する時間を与えてあげてください。**

## (1)面談の同意を得る

ビビリでコミュ障の人は、そもそもメンバーに面談のことをどう切り出せばよいか悩んでしまいがちです。

そういうときは、次のように提案してみましょう。

リーダー「Ａさん、今、ちょっとお時間いいですか」
メンバー「はい、大丈夫です」
リーダー「リーダーの晴瀬です。これから一緒に仕事をするにあたり、いろいろＡさんのことを教えていただきたいのですが。そこの会議室でお話ししてもよろしいでしょうか」

メンバー「はい、わかりました」

## （2）先にリーダーから自己紹介する

メンバーの同意を得て、いよいよ面談のスタートです。

まずは、リーダーから短く自己紹介します。

そうすると、メンバーもどんな話をしたらいいのかわかるので、この先の流れがスムーズになります。

その際、あらかじめパワーポイントやワードファイルなどで、自己紹介用の資料をつくっておくと、とても便利です。

これがあれば、ビビリでコミュ障の人でも、話に詰まることはありません。

どんなことを書けばいいか、図1にまとめてみました。

この資料の目的は、あくまで相手に話をしやすくなってもらうためのものなので、

**図１　自己紹介用の資料**

## 自己紹介

山川晴夫（やまかわ　はれお）
- 2000年入社
- 専門：電気回路設計

職務経歴
- 業務用カメラ事業部　10年　放送用カメラ回路設計
- PC機器事業部　5年　ノート型PCの電源回路設計
- 携帯電話事業部　5年　携帯電話の無線ユニット開発

得意なこと
- とにかく小さく作ること
- 晴れ男

家族構成、趣味など
- 子ども2人小学生
- 休日は山登り

中身については、あまり気にする必要はありませんし、凝ったものにする必要もありません。

ただ、相手の話を聞くのが本題なので、書きすぎには注意しましょう。

次の項目を押さえておけば問題ないでしょう。

●自分の名前、入社年度、専門など
●職務経歴　3〜5程度
●得意なこと　1〜3程度
●家族構成、趣味など　1〜3程度＋写
真

メンバーにはこの資料をプリントアウトしたもの、ないしはノートパソコンで見てもらいながら、自己紹介をします。
時間は3分くらいがちょうどいいでしょう。

## (3)面談で知りたいこと

つづいて、メンバーに自己紹介をしてもらいます。
次のように切り出すのがいいでしょう。

リーダー「今度は、Aさんの自己紹介をお願いできますか」

メンバーが話し始めたら、しっかりメモをとるようにします。

そして、互いの自己紹介が終わったら、リーダーがメンバーに質問をしていきます。
質問によって明らかにしたいのは、具体的には以下のようなことです。

## これまでの業務経験

メンバーがチームの業務についてどの程度把握しているのかを明らかにします。それが明らかになると、どんな業務を任せるのがよいかがわかります。

経験済みの業務では、過去の失敗、トラブルになりやすいポイントなどノウハウの蓄積が多くあるはずです。

また、メンバーが社内外の誰とつながっているかという「人脈」も教えてもらうといいでしょう。

それが、いざというとき役に立つケースがあるはずです。

## 得意なこと、専門にしていること

業務のなかで、メンバーが得意としていることなら、気持ちよく仕事ができるでしょうし、リーダーも安心して任せることができます。

また、パソコンのソフトウェアや使用機材など使用するツールのレベル感も聞いておくといいでしょう。

イチから覚えなければならないレベルなのか、すでに実践での使用に耐えうるレベルなのかによって、スタートダッシュもかなり違ってきます。

## 今後取り組んでいきたいこと

今後取り組んでいきたいことについて希望を聞くようにします。

得意なことが、ずっとやっていきたいこととは限りません。

今とは違う方向に進みたいので、それに向けた業務を経験したいという希望もあるでしょう。

場合によっては、異動や転職を希望しているかもしれません。これからチームをスタートさせるうえで避けたいことには違いないのですが、そういう事態が起こる可能性があることは、リーダーとして心に留めておきましょう。

「それは困る！」「このプロジェクトが終わってからにしてくれ！」など、リーダーの都合を一方的に押しつけることはせず、メンバーの意思を大事にしましょう。

「今後取り組んでいきたいこと」という質問には、次のリーダー候補を探す目的もあります。

その場合は、面談によってあなたが白羽の矢を立てた人にサブリーダーになってもらい、リーダー業務の一部を任せるのもいいでしょう。

## プライベートなどで配慮してほしいこと

女性のメンバー、あるいはパートナーがいる男性メンバーの場合など、育児の真っ只中という人がいるかもしれません。

あるいは、親の介護がある、持病を抱えている、というメンバーもいるでしょう。

そのようなメンバーが限られた時間で成果をあげられるよう、リーダーは的確な業務配分を考える必要があります。

そのためにも、面談の過程で、メンバーに配慮してほしいことなどを話してもらうようにしましょう。

実際、育児休暇・短時間勤務などの制度の利用や、子どものお迎えなどもありますので、その都合を考慮する必要があります。

また、土日とからめて有給休暇を取りやすいように月曜日や金曜日のミーティングを設定しない配慮をしてあげると喜ばれます。

ただ、プライベートな部分に立ち入って、根掘り葉掘り聞くのはＮＧです！

これらが面談においての注意点です。

ここがポイント

**メンバーのことをよく知らなければ、積極的に面談をしよう**

# 022

# 部下に業務を割り振る

ここからは、面談によって得られた情報をもとにメンバーにどのように業務を割り振るかについて説明します。

どのメンバーにどの業務を振るか――それはチームを持ったリーダーの最初の仕事であり、かつ最も重要な業務の一つと言えます。

リーダーはメンバーの能力や経験、専門性などを念頭に置き、リーダー自身が担当する業務の範囲内で割り振りを決めていきます。

その際、メンバーがその業務を行うことで、達成感が得られることを考慮に入れておきましょう。

正解がないことなので迷うかとは思いますが、あなた自身がこれまでどんな業務によって達成感を得てきたかを振り返るようにすると、割り振りもうまくいくと思います。

私の場合、入社1年目は細切れの手伝い業務ばかりでしたが、2年目以降は任される部分がだんだん広がっていき、それに比例して自信もついていきました。

3年目に、ベテランエンジニアのリーダーに、ある機種について「最初（構想）から最後（量産）までの工程を経験させてください」と直訴し、その人から設計の一連の手順を指導してもらった経験があります。

途中、苦労もたくさんありましたが、なんとか海外工場での量産までたどり着き、帰りの飛行機で、かつてないほどの達成感を感じたことを思い出しました。

このように、最初は一つひとつ小さな業務をなしとげていって、だんだん大きな業務に範囲を広げていくことが大切だと思います。

いずれにしても、**メンバーが達成感を持てるようにするには、ある程度の範囲の業務を任せることです。つまり、細切れで振らないということです。**

細切れで振ると、リーダーはずっと指示を出し続けなければなりません。
これでは、メンバーはただリーダーの言うことに従い、次の指示を待つだけの存在になってしまいます。

割り振った業務がメンバーの希望や適性と合わない場合は、すり合わせが必要になってきます。頭ごなしに押しつけるのではなく、メンバーと相談して合意をとる丁寧さを忘れないようにしましょう。

ここがポイント

**部下への業務の割り振りは、部下の達成感を念頭に置こう**

## 023

# パニックにならないためには

ビビリでコミュ障のビビリーダーは、話すこと自体を苦手としています。

そのため、相手と差し向かいの状態になると、何かしゃべらねばと思うあまり、緊張で頭が真っ白になってしまうこともあります。

そうならないよう、自己紹介のパワーポイントと同じく、業務の割り振りの際も、メンバーに伝えるポイントをあらかじめ資料化しておくことをおすすめします。

そうすれば、事前に伝えたいことを整理できるので、「抜け」や「漏れ」が防止できますし、**本番でパニックに陥らなくて済みます。** さらに、記録として残るというメリットもあります。

また、メンバーもそれを見ながらリーダーの話を聞くことができるので、ビビリーダーの声が小さすぎて内容が今一つ理解できなくても、言いたいことの大枠はつかめます。

**ここがポイント**

**話す内容をあらかじめ「見える化」しておこう**

## 024

# 業務の割り振りに必要な資料

メンバーに業務をお願いする際に確認をしておくべきことは、「担当業務」「目的」「ゴール」「課題」「スケジュール」の5つです。

それぞれ、詳しく見ていきましょう。

### (1)業務をお願いするときに伝えること:担当業務

最初に、お願いしたい担当業務について伝えます。

チームでどんな業務に取り組むのか、メンバー構成、それぞれの担当について紹介します(160ページ図2に例を掲載)。

これにより各メンバーの位置付けや、担当業務がわかります。

ただし、この時点では、あくまで素案で、メンバーに相談する過程で変わることもあります。

## (2)業務をお願いするときに伝えること：目的

各メンバーが、何のために業務をするのかを説明します（161ページ図3に例を掲載）。

チーム全体がどういう目的のもとに動いているのかがわからないと、指示されたことを何も考えずただやるだけの単なる「作業」へと変わってしまいます。

また、目的がわかると、自分の業務がどのようなかたちでプロジェクト全体の役に立つのかがはっきりします。

もし、チームの仕事が大きなプロジェクトの一部を担うものであれば、そのプロジェクトの概要も話をしておいたほうがいいでしょう。

自分が役に立っている実感を持てるようになると、仕事の満足度はアップしますし、組織における自分の存在意義も高まります。

イソップ童話に「3人のレンガ職人」という有名な話があります。

3人の職人が、レンガ積みの仕事についてそれぞれこう言います。
1人目の職人「一日中レンガ積みだ」
2人目の職人「この仕事でオレは家族を養ってるんだ」
3人目の職人「歴史に残る偉大な大聖堂を造っているんだ」

同じ仕事でも、人によってこれだけ目的意識が違うのです。やはり、メンバーにはプラスの意識で取り組んでもらいたいですよね。

## (3)業務をお願いするときに伝えること：ゴール

次に、メンバーにお願いしたい業務のゴールイメージを明らかにしておきます（161ページ図3に例を掲載）。

ここで言うゴールとは、業務の最終的な達成基準のことです。どんな状態（ゴール）に達していたら、あるいは、どんなもの（成果物）が出来上がったら、「目的を達成した」と言えるのか、それを具体的に表したものです。

その際、たとえば資料は2ページ以内にまとめるとか、製作費はいくら以内に収めるなど、「これだけは守ってほしい」という必要条件があるのなら、明らかにしておきます。

ここをはっきりさせておかないと、リーダーが想定していたものと違う成果物ができてくるおそれがあります。

そんなことにならないためにも、ゴールのイメージをしっかり共有しておく必要があるのです。

もし、イメージがあるのなら、手書きの粗い図でもかまいませんので、メンバーに「こんな感じ」というものが伝わるようにしましょう。

## (4)業務をお願いするときに伝えること：課題

ほとんどの業務には、ゴールにたどり着くための課題が存在します（161ページ図3に例を掲載）。

たとえば、次のようなものです。

「業務の進め方自体が見えていない」
「まともにやるとすごく時間がかかってしまう」
「顧客から急に仕様の変更を依頼されてしまった」

これらの解決を図る場合、その方法はできるだけメンバー主体で考えてもらうようにします。それが、メンバーの成長や達成感につながるからです。

なかには、業務に取り組む過程で課題が明らかになっていくこともあると思います。いずれにしても、まずは、業務を始める時点でわかっている課題をはっきりさせましょう。

## (5)業務をお願いするときに伝えること：スケジュール

最後に、業務を仕上げておく期限はいつか、具体的なスケジュールを明らかにしておきます（162ページ図４に例を掲載）。

業務にいくつかのプロセスがある場合は、一覧表をつくってひと目でわかるようにしておいたほうがいいでしょう。

たとえば、メンバーにマネジメント層への報告会において新商品の説明をお願いしたとします。

● 10月中旬　報告内容の項目確認

● 10月下旬　資料の中間確認
● 11月上旬　資料の最終確認
● 11月中旬　事前発表練習会
● 11月下旬　報告会

こうしておくと、業務をお願いされたメンバーは、どのようなことをいつまでにやらなければならないのかがひと目でわかります。
その場合、リーダーは途中でトラブルが起きてもすぐにリカバリーできるように、時間的な余裕をとっておくようにします。

ここがポイント

**メンバーに業務をお願いする際の5つのポイントは、「担当業務」「目的」「ゴール」「課題」「スケジュール」**

# 025

# 最初に、相手の時間をもらう許可を得る

ここからは、メンバーにどのように説明をしていくかについて説明します。

**NG例**

「Aさん、この件ですが〜」
（いきなり話題に入る）

**時間は誰にとっても有限です。メンバーに業務をお願いするということは、そんな貴重なものを自分のために分けてもらうに等しい行為ともいえます。**

しかし、リーダーのなかには、そのことを忘れ、いや、そもそも知らずに、メンバーに話しかけるや、いきなりたくさんの用事を長時間にわたって言いつける人がいます。

もし、誰かがあなたの都合を考えず、一方的に話し始めてきたら、あなたはその人のことをどう思いますか？

きっと、配慮に欠けるとか、自分の都合しか考えていない人と思うでしょう。

そのことを踏まえ、メンバーに業務をお願いするときは、貴重な時間を自分のためにいただくことに対して、許可をもらうようにしたいものです。

その際、どのくらいの時間が必要かも伝えておいたほうがいいでしょう。

**OK例**

「Aさん、今話しても大丈夫ですか？」

「Aさん、今1時間くらいお時間をもらえますか？」

「Aさん、1時間くらい相談に乗ってもらってもいいですか？」

「Aさん、メールで連絡しておいたミーティングですが、これから始めても大丈夫ですか？」

もし、メンバーが口では「はい」と言いながらも、明らかに都合が悪そうだったり、リーダーの頼みを断り切れずに同意したと思われる様子なら、**「本当に大丈夫ですか？」「いつだったら大丈夫そうですか？」**と念を押したり、助け舟を出してみるようにしましょう。

これは、誰かに電話をするときにも使えるひと言です。ぜひ覚えておいてください。

**ここがポイント**

**時間をとってもらうときは、相手の許可を得よう**

## 026

# 仕事への「興味」を刺激する

仕事にまだ面白さを感じていないメンバーに対し、興味を持ってもらうことも、リーダーの大事な仕事の一つです。仕事に興味がわけば、そこに面白さを感じ、やる気も出てきて、スキルもアップするというものです。

ただ、面白いと感じるかどうかはその人しだいなので、「仕事を面白く感じろ！」と強制するわけにはいきません。

しかし、メンバーが面白いと感じていない仕事に、リーダーがポジティブな視点を提示してあげることはできます。

たとえば、次のような視点です。

「こういう機能を実現するカラクリを考えることに、Ａさん、興味あるんじゃないですか」

「コツコツ地道に成果を積み上げていくのは、Ａさんの性格に合うんじゃないですか」

「この商品が世のなかに出たら、かなり反響があると思っています」

「この商品の企画段階から関われるから、メンバーのいろんな意見が反映されるんじゃないですか」

「こんな大規模なプロジェクトに関われるチャンスは、めったにないですね」

「このプロジェクトに自分も関われて、ラッキーだと思っていますよ」

「Ａさんには、これで大きな成果をあげてほしいなあ。いろいろできる気がするよ」


他にも、メンバーが面白いと感じていない仕事に、リーダーが「この仕事をやったらこんないいことがありますよ」というメリットを提示することもできます。

そのメリットが、メンバーの気づいていないことであれば、「そうなのか」と素直に受け止めてくれる可能性は高いです。

ところで、仕事をするメリットには、どんなものがあるでしょうか。

- メンバーの業務経験、得意なこと、性格と一致していて、力を発揮しやすい土壌が整っている。
- メンバー自身は自覚していないが、リーダーから見れば力を発揮できそうなところがある。
- メンバーが興味のあることに関連している。
- 新たなツールを覚えることで、メンバーのスキルアップになる。
- 業務の成果がアピールしやすく、給与査定などのプラス評価に結びつきやすい。
- これまでにない業務経験を積むことで、メンバーのキャリアアップになる。
- 次のリーダー候補として期待されていて、アピールのチャンスになる。

このように、メンバーの特性と業務をうまくマッチングさせるのも、リーダーの重要な仕事です。メンバーの特性を明らかにするためにも、先にお話しした面談には真剣な気持ちで臨みましょう。

**NG例**

「Aさんは、私のチームに所属することが決まりました」

「Aさんは、システムソフトウエアのチームに入ります」

**OK例**

「Aさんは、これまで制御システムのソフトウェアを担当してきて、このあたりのソフトウェアは得意だと思っています。ぜひ実験機をつくるプロジェクトに参加してもらいたいと思って、今日声をかけさせてもらいました」

「Aさんは、これまでデータ解析をやってきてマーケティングにもセンスがありそうなので、商品企画関連の業務に興味はありませんか？」

「Aさんは、こういう新しいジャンルの商品に興味があると思うので、ぜひこの新製品プロジェクトに参加してもらいたいと思って、今日声がけをしました」

「久しぶりの大型案件のプロジェクトがあり、Aさんも規模の大きなプロジェクトがどんなふうに動いているのか、一度は経験しておくと役に立つと思います。

そういうわけで、Aさんと一緒に仕事ができるといいなと思い、お時間をとってもらいました」
「Aさんも3年目になって、ある程度の業務を任せられるようになってきたので、さらにもう一歩踏み出してほしいと思い、新しい業務についてお話をしたいと思っています」

ここがポイント

**メンバーがその仕事をすることにどんなメリットがあるか、提示してあげよう**

# 027

# 相談で「能力発揮」してもらう

メンバーに業務をお願いする場合は、リーダーからの一方的な指示ではなく、相談のかたちをとることをおすすめします。そうすれば、メンバーの意見を引き出すことができ、そのことで、メンバーの主体性も高まります。

具体的には、リーダーが「**私なりにこういうプランを考えていますが、内容に関して相談に乗ってもらえませんか**」というぐあいに話を切り出します。

このとき、リーダーが何もプランを持っていないと、丸投げしている印象をメンバーに与えかねません。前の項目に出てきた業務の割り振り資料を用意しておくようにしましょう。

NG例

「Aさんは、（業務）担当です。私の指示に従って業務を進めてください。詳細はこれから話します」

（リーダーの一方的な命令で終わっています。会話のキャッチボールをしておらず、一方的に球を投げて終わりになっています）

OK例

（1）「Aさんの（業務の）進め方についてプランを考えたのですが、相談に乗ってもらえませんか？」

（2）「Aさんの適性を考えて（業務を）担当してもらいたいと計画しているのですが、相談してもいいですか？」

（リーダーの一方的な命令で終わらないのがポイントです。会話のキャッチボールをしていて、ちゃんと相手からボールが返ってくるイメージです）

OK例は、リーダーからメンバーへの一方的なお願いにならないよう、「メンバー自身の担当業務について、リーダーが相談をもちかけ、その同意を得る」という質問になっています。

この質問に対し、メンバーの同意が得られれば、メンバーは「メンバー自身の担当業務について相談に乗ること」を自分で決めたことになります。つまり、「リーダーの話を聞いて意見を述べる準備ができた」ということです。

ここで出るのは、メンバー自身の担当業務についての話ですから、他人事ではなく自分事であることも理解しています。これが、メンバーの当事者意識アップにつながるのです。

ここがポイント

「相談」のかたちをとることで、メンバーの意識が変わる

# 028

# 方向付けで「能力発揮」してもらう

ここから、あらかじめ準備した業務の割り振り資料「担当業務／目的／ゴール／課題／スケジュール」をメンバーに見てもらいながら、リーダーが考えているプランについて説明をします。

ビビリでコミュ障のビビリーダーでも、これなら資料に沿って話をすることができるでしょう。

ひと通り話し終わったところで、メンバーの意見を聞きます。

**✕ NG例**

「それでは、よろしくお願いします」

（リーダーの一方的な命令で終わっています）

**OK例**

「何か意見はありますか」
「何かコメントはありますか」
「この話を聞いて、どう感じましたか」
「よくわからない点があれば、何でも聞いてください」

メンバーの意見をさえぎることなく、最後までしっかりと聞きます。

**このとき、メンバーがどう感じたのかという点に集中して聞くようにしてください。**

振られた担当業務に対して、「できそうだ」「時間的に無理そうだ」「能力的に自信がない」「ぜひやりたい」「不満がある」など、メンバーが感じていることをしっかり受け止めてください。

そして、メンバーが「なんとかできそうだ」と思えるにはどんなことをサポートしてあげればいいのか、リーダーにできることを見つけていきましょう。

スケジュールをどう調整すればいいのか、担当範囲をどう調整すればいいのか、どう環境を整えればいいのか、解決策を相談していきましょう。


さらに一歩進めて、自分の担当する業務が、自分の能力を存分に発揮できると感じられると、仕事への高い意欲がわいてきます。

では、そのために、リーダーは何をしたらよいでしょうか。


業務の割り振り資料のなかには、メンバーに解決してほしい課題もあらかじめ織り込んで説明しています。

課題の解決方法はできるだけメンバー主体で考えてもらうようにすると、メンバーの成長や達成感につながります。

たとえば、前の項目で出てきた課題について、このようなものがありました。

「業務の進め方自体が見えていないので、いくつか方法を検討してもらいたい」

これに対して、メンバーから意見が出てくると思います。

**その際にメンバーが話すのをさえぎるのは、絶対ダメ。言いたいことを言い終わるまで、とにかく待ちましょう。**

メンバーに自らの能力を発揮できていると実感してもらうには、メンバー自身のアイデアや工夫が仕事のなかに盛り込まれるようにします。そうすることで、メンバーにとっては自分ならではの仕事ができている状態になります。

リーダーは、そうなるようメンバーに方向づけをしてあげましょう。

メンバーは、自分がいたからこそ課題を解決できたと、自らのアイデアや存在価値を実感することができるでしょう。

ここがポイント

**相談でメンバーのアイデアや工夫を引き出そう**

## ビビリーダーの失敗談3

リーダーになりたての頃、業務量がチームのキャパシティを超えてしまったため、メンバーが増員されたときの話です。

私は、自分の思い通りにコトが運ぶようにと、増員されたメンバーに対して次から次へと細かい指示を出し続けました。とにかくメンバーの手が止まらないよう、必死で仕事を与え続けたのです。

しかし、どんなに修正指示を出してもメンバーが上げてくる試作品が自分の理想に近づいていきません。悩むうちに考えがまとまらなくなり、ついに指示出しができなくなってしまったのです。

急に暇になってしまったメンバーからは、「早く仕事を回してください」と逆に指示を迫られる始末。今考えると、メンバーの考えを聞かないスタイルで自ら首を絞めてしまっていたわけで、メンバーには申し訳ないことをしたと反省しています。

# 029

# 「環境」を整える

ここでは、メンバーがゴールを達成しやすくするための「環境づくり」についてお話しします。

**仕事における「環境」には、物理的な環境と精神的な環境の2つがあります。**

物理的な環境とは、職場の作業スペースや業務を進める上での必要な設備などです。これらが整っていないと、仕事ははかどりません。そのため、リーダーはメンバーからの要望を吸い上げ、職場のマネージャーや会社の総務部などと相談をしながら、環境を整えていく必要があります。

精神的な環境とは、職場の雰囲気やスケジュールに対するプレッシャーなどメンバーの精神面に影響を与える要因です。特にスケジュールの場合、まったく余裕のないスケジュールだと、トラブルを挽回する機会が失われ、メンバーのモチベーションも大きく低下してしまいます。

これらの「環境」を整えることが、リーダーの大切な役目になります。

現状の職場環境を整えることについても、メンバーとの相談が重要です。相談によって得られたメンバーの意見や要望は、日々の業務を気持ちよく行う上での貴重な情報になります。

**「リーダーは自分の意見を聞いてくれる」**——メンバーにそう思ってもらえるように行動をしましょう。

## ✕ NG例

「いや、そうじゃない」

（相手の意見を受け止めず、すぐに反論する）
「要は、○○ということを言いたいのですか」
（相手の話をさえぎって、話をまとめてしまう）
「上司から言われているので、それは無理ですね」
（第三者を持ち出して、いきなりはねつける）

**OK例**

「うん、なるほど」
「そうですか」
「そうなんですね」
「Aさんは、そう感じたのですね」
「そういう見方もあるのですね」
「それをするために、必要な機材などはありますか」

## ✕ NG会話例

リーダー「マネージャーが言っているんだから、このスケジュールでやってもらわないと困るよ」
メンバー「うーん……わかりました（丸め込まれた）」
リーダー「じゃ、よろしく」

メンバーに相談をするなかで、リーダーが思いつかなかった斬新で建設的なアイデアがメンバーから出てくることがあります。

それは、大変ありがたいことです。

その一方で、メンバーから否定的な意見が出てくることもあります。そういうとき、頭から否定するのでなく、どうすればゴールが実現できるのか、建設的な案を一緒に考えていくようにしましょう。

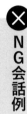

そのなかで、メンバーが「これならできる」と自信が持てるよう、リーダーが調整をしていきます。

スケジュールを延ばせばいいのか、他の協力を得られればいいのか、成果物や必要条件の一部を削減すればいいのか、などの案を一緒に出していくのです。

このときに、「(自分は) こう思いますが、(あなたは) どう思いますか」というスタンスで話をすると、メンバーも意見を出しやすくなります。

メンバーも自分の意見が反映されれば、責任感や「やる気」が高まります。

## OK会話例1

リーダー「このようなスケジュールで業務を進めたいと思いますが、気になる点はありますか?」

メンバー「○○業務は1週間では厳しいと思います」

リーダー「厳しいですか (と受け止める)。どのあたりが厳しいですか」

メンバー「資料の準備も大変ですが、他の部署との合意をとるのも大変そうです」

リーダー「なるほどそこですか。他の部署との調整は私が担当しましょう」

## OK会話例2（厳しい日程など条件が決まっている場合）

リーダー「トップマネジメントへの報告会日程が決まっているので、この期限でやる必要があります。できることを松竹梅で考えるとどうでしょうか。ベストな松案だと、どこまでいけそうですか」（聞き出してまとめる）

メンバー「何もトラブルが発生しなかったら可能かもしれませんが」

リーダー「なんとかいけそうな竹案だと、私としては××までできると思いますが、どうでしょうか」（聞き出してまとめる）

メンバー「これぐらいがいいところかもしれません」

リーダー「最低限の梅案だと、こんな感じかなと（私は）思いますが、どうですか」（聞き出してまとめる）

メンバー「このくらいは出来上がらないと、話にならないでしょうね」

リーダー「わかりました。話が通るかはわかりませんが、現場の声として私がマネージャーと相談しておきますね」

ここがポイント

**メンバーが「これならできる」と自信が持てるよう、リーダーは環境を整えよう**

# 030

# 部下自身に仕事のやり方を「決定」させる

仕事のやり方について、メンバー自身がある程度自由に決められるようにしておくと、それがメンバーのモチベーションアップにつながります。

自分の思うように仕事を進められる、それは「**一人前に仕事ができる**」ということを意味します。そのなかには、仕事のやり方を自分で決められることも含まれるのです。

この「自分で決める方法」についてですが、次の3つのステップがあります。

**●STEP1：リーダーがメンバーに仕事の依頼を受けてくれるかどうかをたずね、メンバーが受けることに同意した上で、メンバーに実行してもらう**

**●ＳＴＥＰ２：リーダーが提示した複数のやり方のなかから、メンバーが選んで実行する**

**●ＳＴＥＰ３：リーダーが達成してもらいたいゴールを提示し、メンバーが到達方法を提案して実行する**

いずれのステップも、リーダーの一方的な命令で終わらないのがポイントです。会話のキャッチボールをして、ちゃんとメンバーからボールが返ってくるイメージです。同意をとることは、メンバーに選択する権利があるということを示すことになります。

ＳＴＥＰ１から３へと上がっていくにつれ、メンバーの「自分で決めた」という意識が強くなっていきます。そして、周囲の環境をコントロールできているという「自律」の感覚を持つことができます。その感覚が、自信につながっていくのです。

リーダーはこうしたことを意識しながら、メンバーに仕事のお願いをするようにしましょう。

ここがポイント

**メンバーに自分で決めた意識を持ってもらえるようにしよう**

# 031 業務の「お願い内容」を確認する

最後に、メンバーの意見を反映した業務の「お願い内容」について確認をします。

この段階では、まだ仮決めにすぎませんから、相談をしながら内容を固めていくわけです。

「お願い内容」を見て、メンバーがうまく進めていけそうという実感を持ってくれれば、ひとまず成功です。

**✕ NG例**

「それでは、よろしくお願いします」

（メンバーの同意をとり忘れて、一方的に話を切り上げる）

「言ったからには、責任を持ってやってくださいよ」

**OK例**

「では、今出た案で、できそうですか」
「では、この案でやってみましょう。いいですか」
「最後に確認ですが、Aさんにこれまで話した感じで（業務の担当を）お願いしてもよろしいでしょうか」
「まずはこんな感じで、業務を始められそうですか」

最終確認として、メンバーから同意の「はい」をしっかり得ます。

**人は、他人から言われたこと**（**指示**）**に従うより、自分でやると決断したこと**（**意思**）**のほうが行動を起こしやすい**と言われています。つまり、メンバーの同意イコール行動宣言になるわけです。

また、メンバーも自分の意見が反映されたことで、納得して仕事に取り組むことができ、責任感も持ちやすくなります。
リーダー側もメンバーから意見が出れば、上司と交渉するなどの調整対応をとることができます。

**ここがポイント**

**メンバーの意見を反映して、最後に同意を得よう**

## ポイントのおさらい

ここまでお伝えしてきたことを、おさらいする目的で、ワークをやってみましょう。

特に重要なポイントをおさらいしておきます。

**◆最初に、相手の時間をもらう許可を得る**
**◆仕事への「興味」を刺激する**
**◆相談でメンバーのアイデアや工夫を引き出し、「能力発揮」してもらう**
**◆メンバーがゴールを達成しやすいような「環境」を整える**
**◆お願い内容を最終確認し、メンバーにやり方を「自己決定」してもらう**

## 実践ワーク1

あなたは、新規事業で開発中の電子看板を、マーケティング展示会でデモするチームのリーダーに任命されました。

ここでは、予算の管理や人事権のある上司をマネージャーと呼ぶことにします。それに対し、マネージャーの下で、実務を行う数名のチームのまとめ役をリーダーと呼んで区別をしています。

あなたはマネージャーと相談して、展示会でのデモ経験があり、それぞれ専門分野の異なるチームメンバー3人を割り当ててもらいました。そのうちの一人、Cさんに、これから業務の説明を行うところです。

Cさんには、電子看板のデモのハードウェアと運用の担当をお願いするつもりです。あなたはリーダーとはいえ、すべての専門分野にくわしいわけではないので、ある程度メンバーに業務を任せする必要があります。

まずは、あなたならどうお願いするかを考えてみてください。

場面設定になじみのない方もいると思いますが、小説を読んでいるつもりで、次に挙げる回答例をご覧ください。会話の流れに要注目です。

## 回答例

### 最初に、相手の時間をもらう許可を得る

リーダー「Eさん、今お話ししても大丈夫ですか?」

メンバー「はい。何でしょうか」

### 仕事への「興味」を刺激する

リーダー「Eさんは製品デモの経験が多数あるので、開発中の電子看板の展示

会でデモを行う際のハードウェアと運用の担当をぜひお願いしたいと考えていますが、いかがでしょう？」

メンバー「はい。ありがとうございます。それはとても光栄です」

## 相談でメンバーのアイデアや工夫を引き出し、「能力発揮」してもらう

リーダー「ありがとうございます。では、Eさんに担当してもらいたい業務の内容を検討しているのですが、ちょっと相談してもいいですか？」

メンバー「承知しました。どうぞ」

リーダー「では、そこの打ち合わせスペースで資料を見ながら話をさせてください」

〈打ち合わせスペースに移動して、パワーポイントの画面を表示〉

リーダー「最初に、開発中の電子看板について、展示会でデモを行うチームを

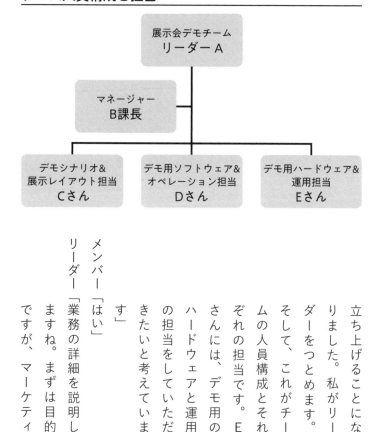

## 図2　電子看板デモチーム①

### チーム人員構成と担当

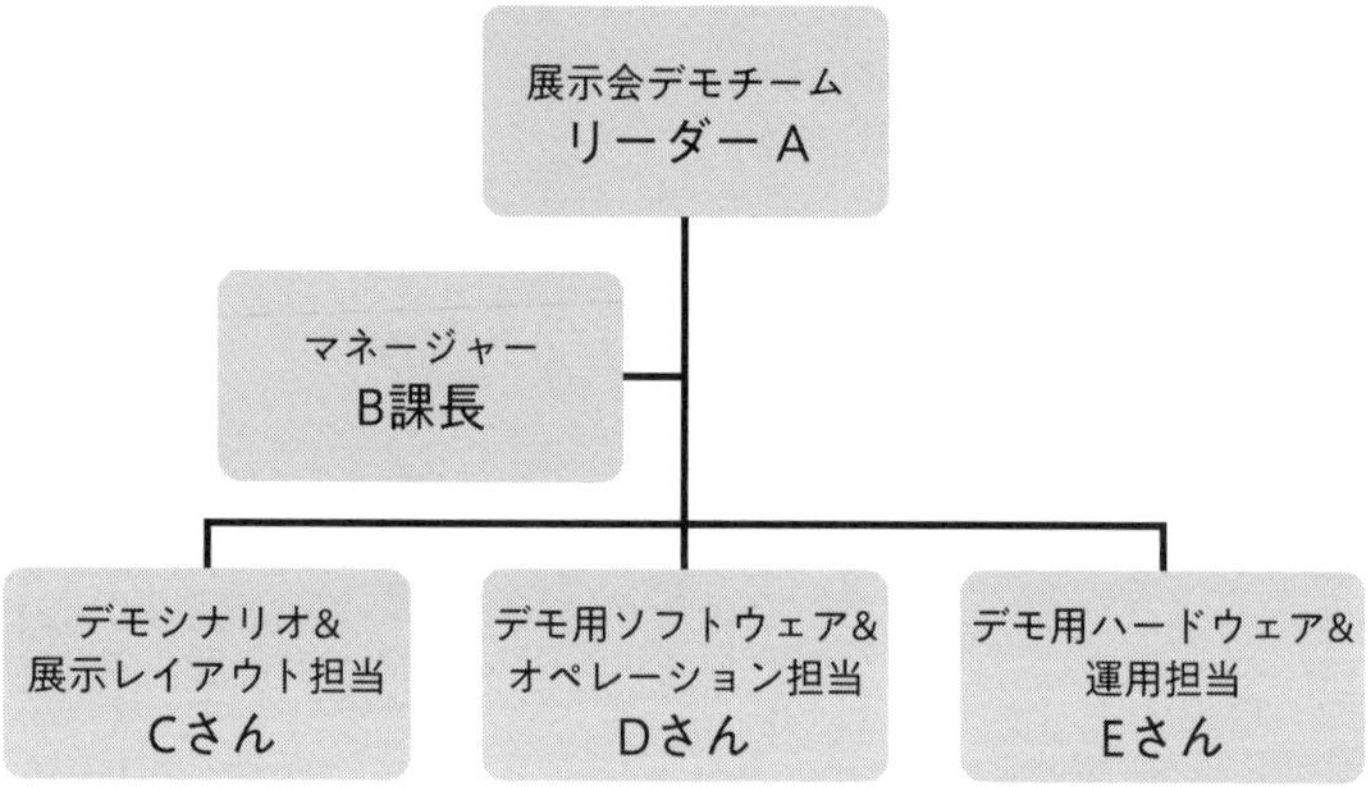


立ち上げることになりました。私がリーダーをつとめます。そして、これがチームの人員構成とそれぞれの担当です。Eさんには、デモ用のハードウェアと運用の担当をしていただきたいと考えています」

メンバー「はい」

リーダー「業務の詳細を説明しますね。まずは目的ですが、マーケティ

**図3　電子看板デモチーム②**

## 業務：デモ用ハードウェア&運用担当

### 目的
- 展示会に開発中の新製品を出品する
- 興味を持つ顧客の反応を得る

### ゴール
- 展示会で新製品のデモを実施
- バックアッププランも含めた展示会での確実なデモ運用

### 課題
- 2分のデモの繰り返しで、2日間の連続使用に耐えること
- 発表前新製品の搬入段取り
- 故障時のバックアッププラン

ング展示会に開発中の電子看板を出品し、興味を持つ顧客の反応を得るためにこの業務を行っていきます。業務の最終的なゴールとしては、展示会で電子看板の効果についてのデモを実施することと、故障した際のバックアッププランも含めた確実なデモ運用をすることです。ゴールに向かう過程で、現

## 図4　電子看板デモチーム③

### 全体スケジュール

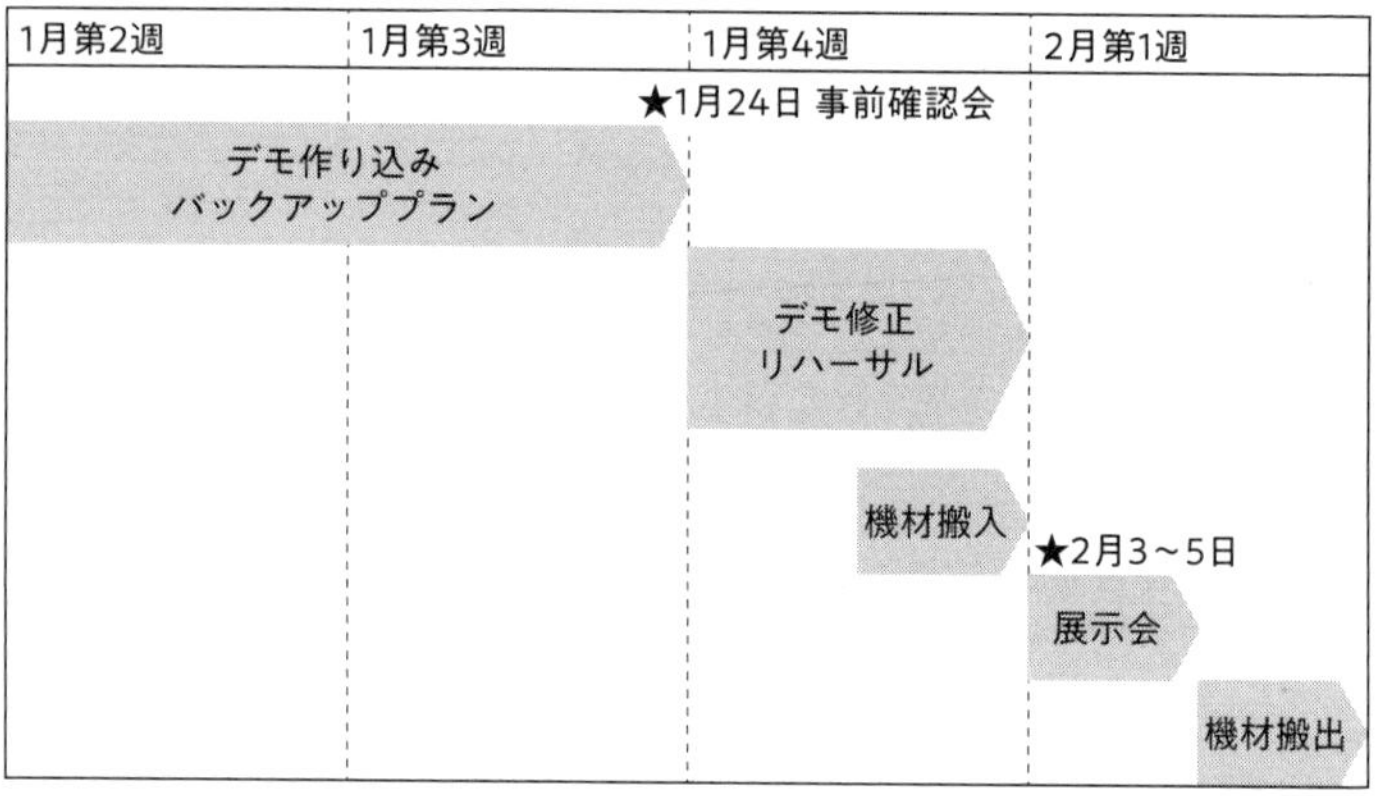


状わかっている課題としては、電子看板の効果を説明する2分のデモを繰り返して、展示会3日間の連続使用に耐えること、発表前の開発品なので競合他社に機密が漏れないような搬入段取りが必要であること、故障時のバックアッププランなどがあります」

メンバー「了解です」
リーダー「最後に全体スケジュールですが、1月13日の週から2週間かけて、デモのつくり込みに並行してバックアッププランの検討を行います。そして、1月24日に事前確認会を予定しています。その後、確認会の内容を受けてデモ内容の修正や、リハーサルを行っていきます。2月3日から5日までの3日間が展示会です。機材の搬入の手配や展示会での運用、機材の搬出までを含めてお願いしたいと思っています。このプランを聞いて、どう感じましたか?」
メンバー「はい、開発中の電子看板は、完成度がそこまで高くないため、動作が不安定になりがちです。展示会のデモに耐えられるのか、正直心配です」
リーダー「そうですか。まだ不安定ですか?」
メンバー「そうなんです。特に熱を帯びて本体の温度が高くなると、不安定になりやすいですね」

## メンバーがゴールを達成しやすいような「環境」を整える

リーダー「そういう事態を防ぐために、何か手が打てそうですか」

メンバー「そうですね、強力な冷却装置を検討したいですね」

リーダー「わかりました。移動式の冷房などレンタル品の見積もりをとってもらえれば、マネージャーと予算交渉しますね」

メンバー「それは助かります。あと、最悪故障したとき、バックアップ機材に切り替えるのには時間が必要です。ビデオ上映などで間をつなぐことを、マネージャーにお許しいただきたいですね」

リーダー「わかりました。それも現場の意見としてマネージャーに上げておきましょう」

## お願い内容を最終確認し、メンバーにやり方を「自己決定」してもらう

リーダー「まずは、こんな感じで業務を始められそうですか」

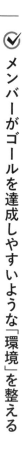

メンバー「はい、なんとかやってみたいと思います」
リーダー「Eさんにお願いしてよかったです。うまくいきそうに思います。ありがとうございます」

## 実践ワーク2

あなたは、スマートウォッチの新製品の宣伝チームのリーダーを担当することになりました。

チームメンバーは、ウェブ担当、広報担当、宣伝担当の3人です。

Cさんは、これまでウェブ企画のアシスタントをやっていましたが、実力もついてきたので今回初めて一人で業務を任せてみようと、マネージャーのB課長から提案がありました。

まずは、あなたならCさんにそのことをどう話すかを考えてみてください。

その上で、以下の回答例をご覧ください。

### 回答例

## 最初に、相手の時間をもらう許可を得る

リーダー「Cさん、新しい業務について話したいのですが、ちょっとお時間をもらっていいですか？」
メンバー「はい。大丈夫です」

## 仕事への「興味」を刺激する

リーダー「Cさんは、これまでウェブ企画のアシスタントをされてきましたが、今回からステップアップして、主担当をお願いしたいと思います。いかがでしょうか」
メンバー「え、本当ですか？」
リーダー「マネージャーのB課長が、Cさんは実力もついてきたので、そろそろ一人で任せてみようかと言ってほめていましたよ」
メンバー「それはうれしいです」

リーダー「しかも、今回は例のスマートウォッチの新商品の宣伝業務です。Cさんは新しいもの好きだから、興味があるんじゃないですか？」

メンバー「えっ、本当ですか？　私に担当させてもらえるんですね。がんばります！」

## 相談でメンバーのアイデアや工夫を引き出し、「能力発揮」してもらう

リーダー「では、Cさんに担当してもらいたい業務についてちょっと相談させてもらえますか？」

メンバー「はい、もちろんです」

リーダー「では、そこの打ち合わせスペースで資料を見ながら話をさせてください」

〈打ち合わせスペースに移動〉

リーダー「まだ宣伝プランを検討している途中ですが、その段階の資料で説明

## 図5　スマートウォッチ宣伝チーム①

### チーム人員構成と担当

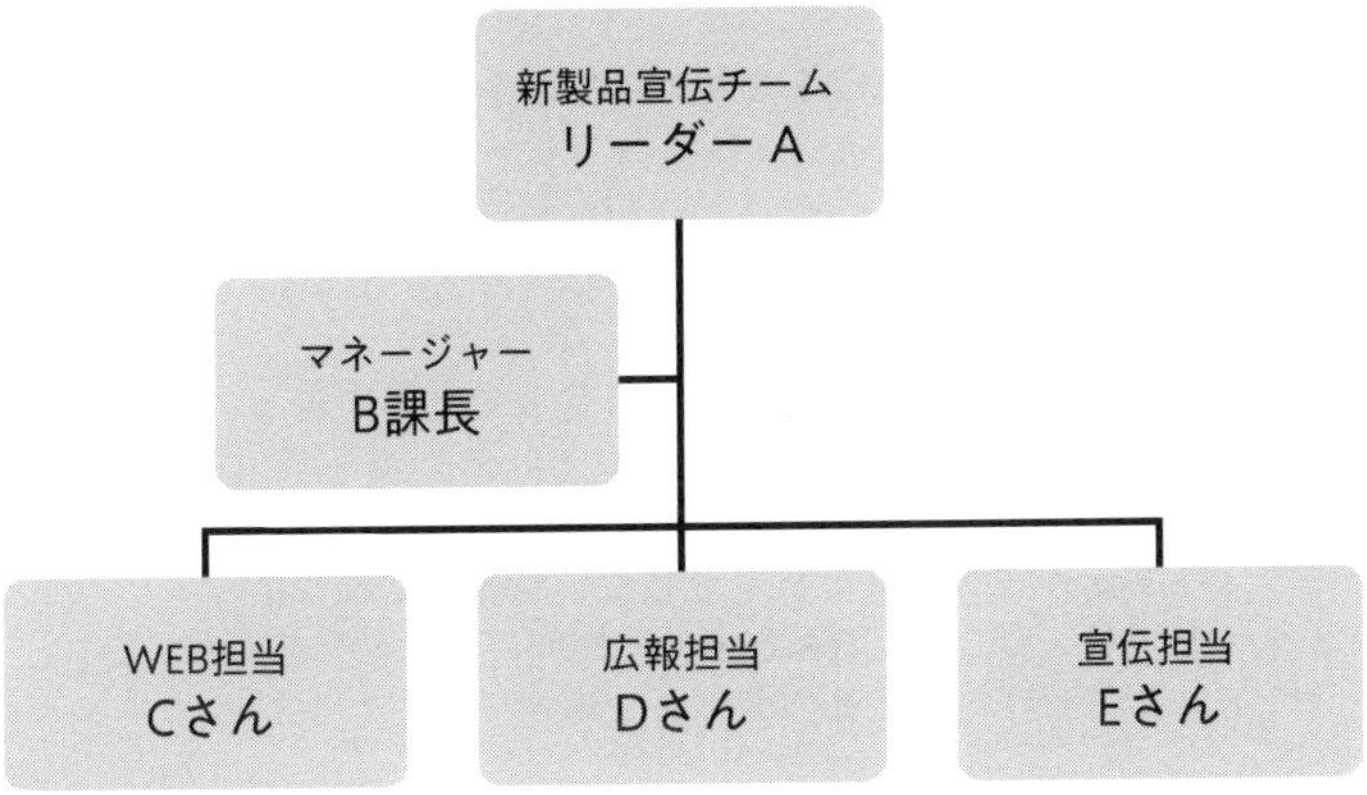


しますね」

〈パワーポイントの画面を表示〉

リーダー「まずは、新製品の宣伝チームのメンバー構成です。私がリーダーとなります。Cさんはウェブ担当として、広報担当のDさん、宣伝担当のEさんと協力しながら進めていただきたいと考えています」

## 図6　スマートウォッチ宣伝チーム②

### 業務：WEB担当

**目的**

・お客さまの購買意欲を高める情報を提供し、購買に結びつける

**ゴール**

・実際に商品を使っているイメージのわきやすい
　コンテンツの作成
・WEBデザイン業者へ発注するための企画書作成

**課題**

・旧商品WEBサイトのわかりにくさを改善すること
・ターゲットになるお客さまの属性別にメリットを訴求すること
・新たに設けられた社内デザイン規定に対応すること

メンバー「承知しました」

リーダー「ウェブ担当の業務をもう少し詳しく説明しますね。まずは目的ですが、お客様の購買意欲を高める情報を提供して、購買に結びつけてもらうことです。そのために、実際に商品を使っているイメージがわきやすいコンテンツの作成、ウェブデザイン業者へ発注するための企画書作成を行っていただきたいと思います」

## 図7　スマートウォッチ宣伝チーム③

### 全体スケジュール

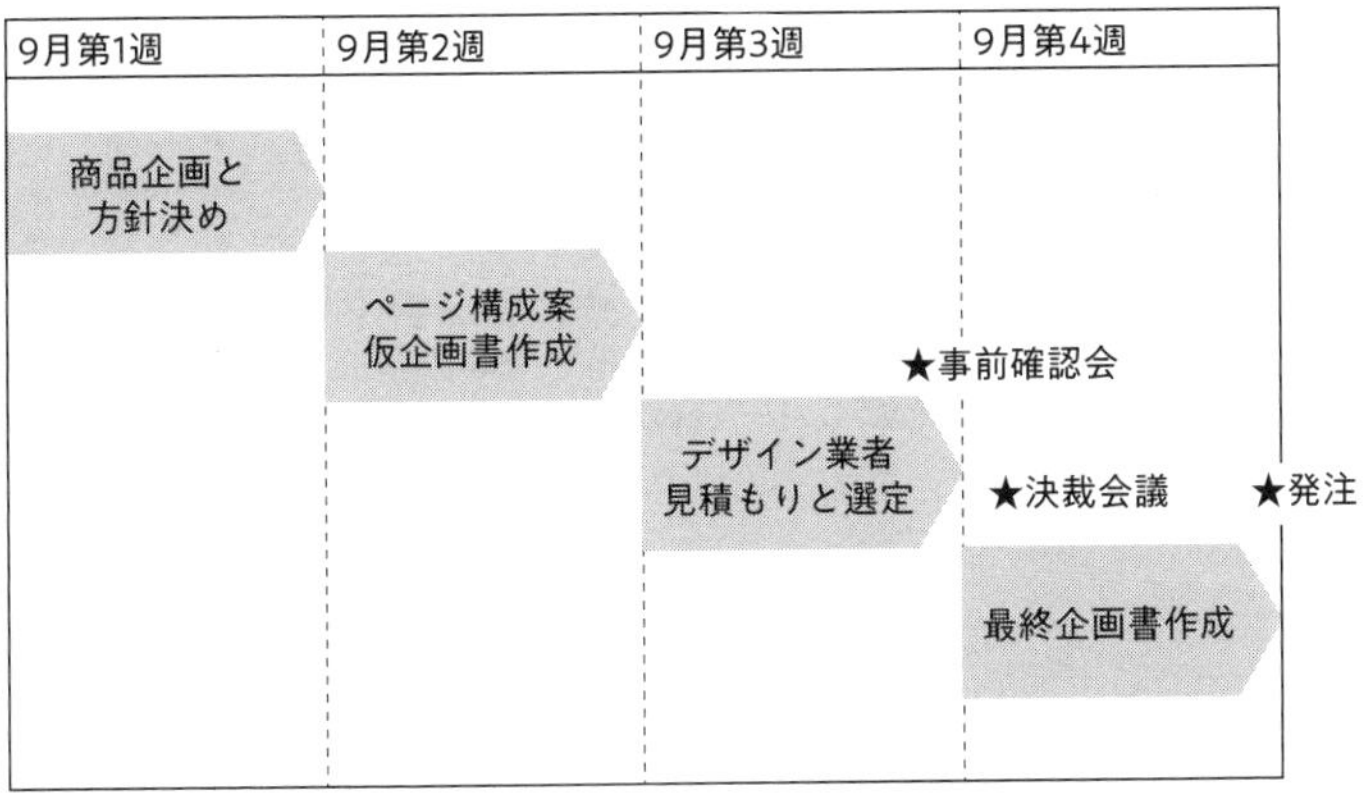


メンバー「はい、わかりました」

リーダー「そして、ここからが課題なのですが、今思いつくだけでも3点あります。1点目は、旧商品のウェブサイトのわかりにくさを改善すること。2点目は、ターゲットになるお客様の属性別にメリットを訴求すること。3点目は、新たに設けられた社内デザイン規定に対応すること、です。どうでしょうか」

メンバー「いきなりハードルが高いですね。まず、1点目ですが、具体的にどう不評なのかを明確にするためにウェブの分析担当の方に手伝ってもらいたいですね」

リーダー「そうか、自分はあまりウェブの業務には詳しくないんだけど、そういう専任の人がいるのですね。協力してもらえるようマネージャーに話してみます」

メンバー「あと、2点目は、どういう人がターゲットになるのか自分ではよくわからないのですが……」

リーダー「ああ、これは新製品の商品企画の担当者がいて、その人たちと方針を詰めるから大丈夫ですよ」

メンバー「それなら安心しました。3点目のデザイン規定は、デザイン部門に知り合いがいるので、その人に聞けばなんとかなるかな」

リーダー「そうか。それは助かります。では、大枠のスケジュールを説明しますね。9月の1週目から、商品企画の担当者とターゲットや訴求ポイントの方針決めをしていこうと思っています。それから、２週目にウェブページの構成案をつくってもらいます。９月の３週目の金曜日までには、複数のウェブデザイン業者から見積もりをとって候補を決めたいですね。決裁会議が毎週月曜日にあるので、金曜日にはマネージャーに事前確認が必要かな。それで、月末までに最終のウェブ企画書を作成してもらいたいです」

メンバー「ぎりぎりのスケジュールですね。何かトラブルがあったら、遅れが生じそうです」

リーダー「そうかぁ、ぎりぎりですか」

メンバー「そうですね。業者から相見積もりをとって、それから選定するとなると、１週間じゃ足りない気がします」

## メンバーがゴールを達成しやすいような「環境」を整える

リーダー「そういうスケジュール感なんですね。そのスケジュールを成立させるために何が必要ですか」

メンバー「方針決めと仮企画書作成を前倒しして、早めにデザイン業者と打ち合わせに入るしかないですね」

リーダー「わかりました。早めに方針が決められるように、他のチームメンバーと商品企画の担当者に事前にお願いしておきますね」

メンバー「まあ、なんとかやるしかないですね」

リーダー「とても助かります。なんとかみんなで協力してやっていきましょう」

### お願い内容を最終確認し、メンバーにやり方を「自己決定」してもらう

リーダー「では、これまで話した内容でウェブ担当をお願いしても大丈夫ですか」

メンバー「はい。せっかくのお話なので、期待に応えられるようがんばりたいと思います」

リーダー「Cさんには、これを機に一層の飛躍をしてもらいたいとマネージャ

ーも期待しています。一緒にがんばっていきましょう」

## 実践ワーク3

あなたは、開発中の距離センサーの実用化を検討するためのプロトタイプ（試作機）作成のチームリーダーを担当することになりました。

機構設計、電気回路設計、ソフトウェア設計においてそれぞれの専門性を有する3人がチームメンバーです。そのうちの一人、機構設計を担当するCさんに、これから業務の説明を行います。

Cさんは、あなたより年上のベテラン社員です。

まずは、あなたならどう話をするか考えてみてください。

回答例を、次に示します。

### 回答例

## 最初に、相手の時間をもらう許可を得る

リーダー「Cさん、今お時間をいただいてもよろしいでしょうか？」
メンバー「ん？　なんですかね」

## 仕事への「興味」を刺激する

リーダー「今、ちょうど開発中の距離センサーの実用化を検討するためのプロトタイプ作成を計画しています。長年にわたって距離センサーの開発を行ってきたCさんに、引き続き実用化まで面倒をみていただきたいと考えています。いかがでしょうか？」
メンバー「ああ、それもやるのね。まあ、一度乗った船だから、最後までやらせてもらうよ」

## ✓ 相談でメンバーのアイデアや工夫を引き出し、「能力発揮」してもらう

リーダー「ありがとうございます。では、Cさんに現在考えている業務プランについて相談に乗っていただきたいのですが」

メンバー「ああ、いいですよ」

リーダー「では、そこの打ち合わせスペースで資料を見ながら話をさせてください」

〈打ち合わせスペースに移動〉

リーダー「業務プランについて検討している資料があるので、まずは説明をさせてください」

〈パワーポイントの画面を表示〉

リーダー「最初に、これが開発チームの体制になります。電気回路担当にはD

**図８　距離センサーのプロトタイプ作成チーム①**

**チーム人員構成と担当**

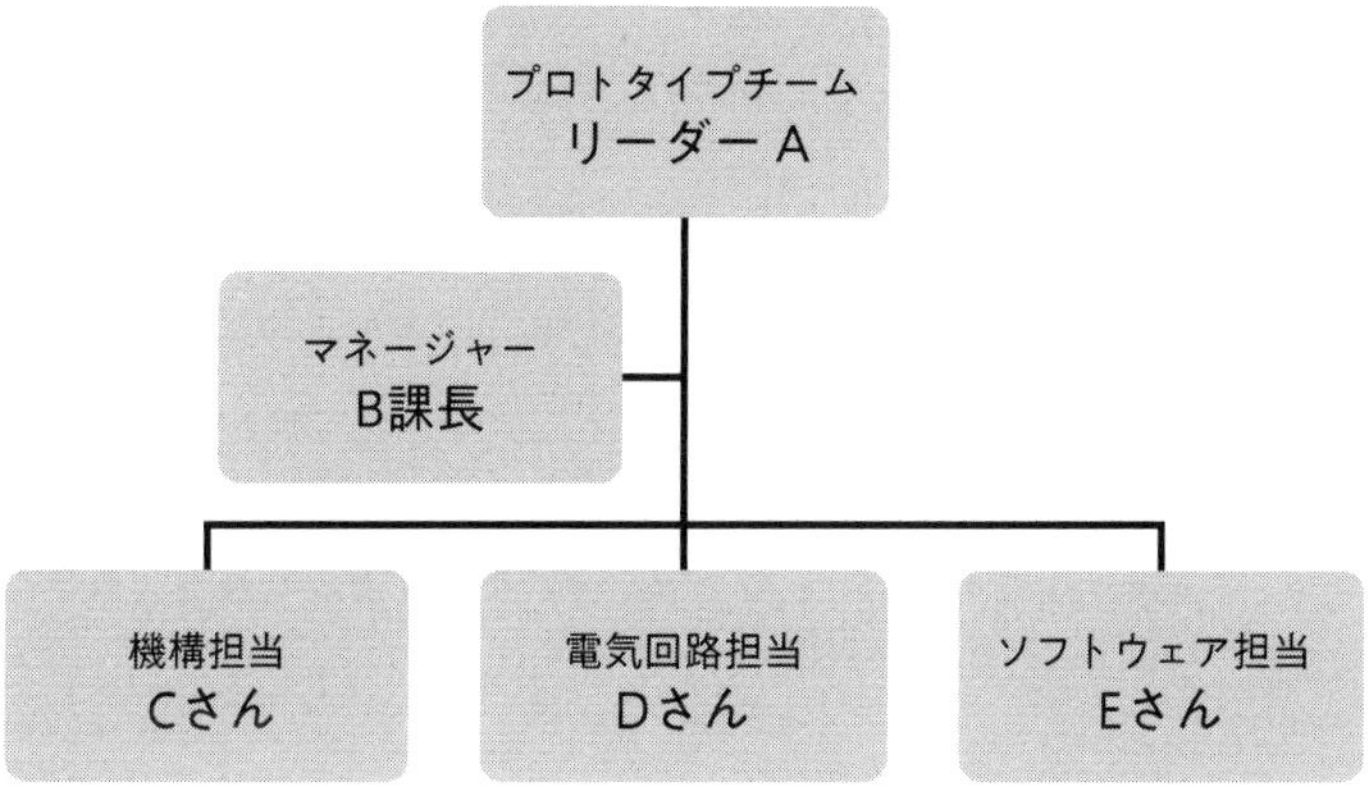


さん、ソフトウェア担当にはEさんが入る予定です」

メンバー「あなたも、リーダーをやるようになったのか。期待されているんだな」

リーダー「本当に名ばかりのリーダーですので、みなさんのご指導をいただきながら、なんとか成果を出していきたいと思っています。これからよろしくお願

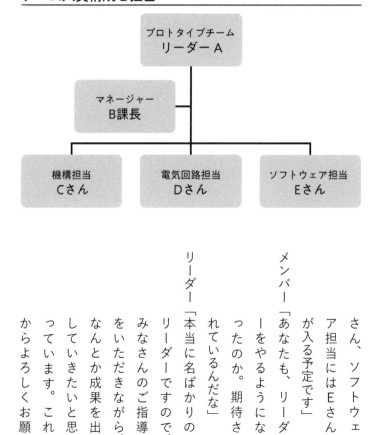

## 図9　距離センサーのプロトタイプ作成チーム②

### 業務：機構担当

目的
・開発中の新型センサーの実用化にあたっての課題を明らかにする

ゴール
・新型センサーを組み込んだ商品プロトタイプの作成
・商品プロトタイプの評価と課題出し

課題
・コストを抑えるため、既存商品を改造してセンサーを入れ替え
・センサー評価方法の確立

いします」

メンバー「こちらこそ、よろしく」

リーダー「では、今回のプロトタイプ作成の詳細を説明します。まずは目的ですが、距離センサーの実用化にあたっての課題を明らかにすることになります。業務の最終的なゴールとしては、距離センサーを組み込んだ商品プロトタイプの作成をして、評価と課題出しをするまで、となります」

**図10　距離センサーのプロトタイプ作成チーム③**

### 全体スケジュール

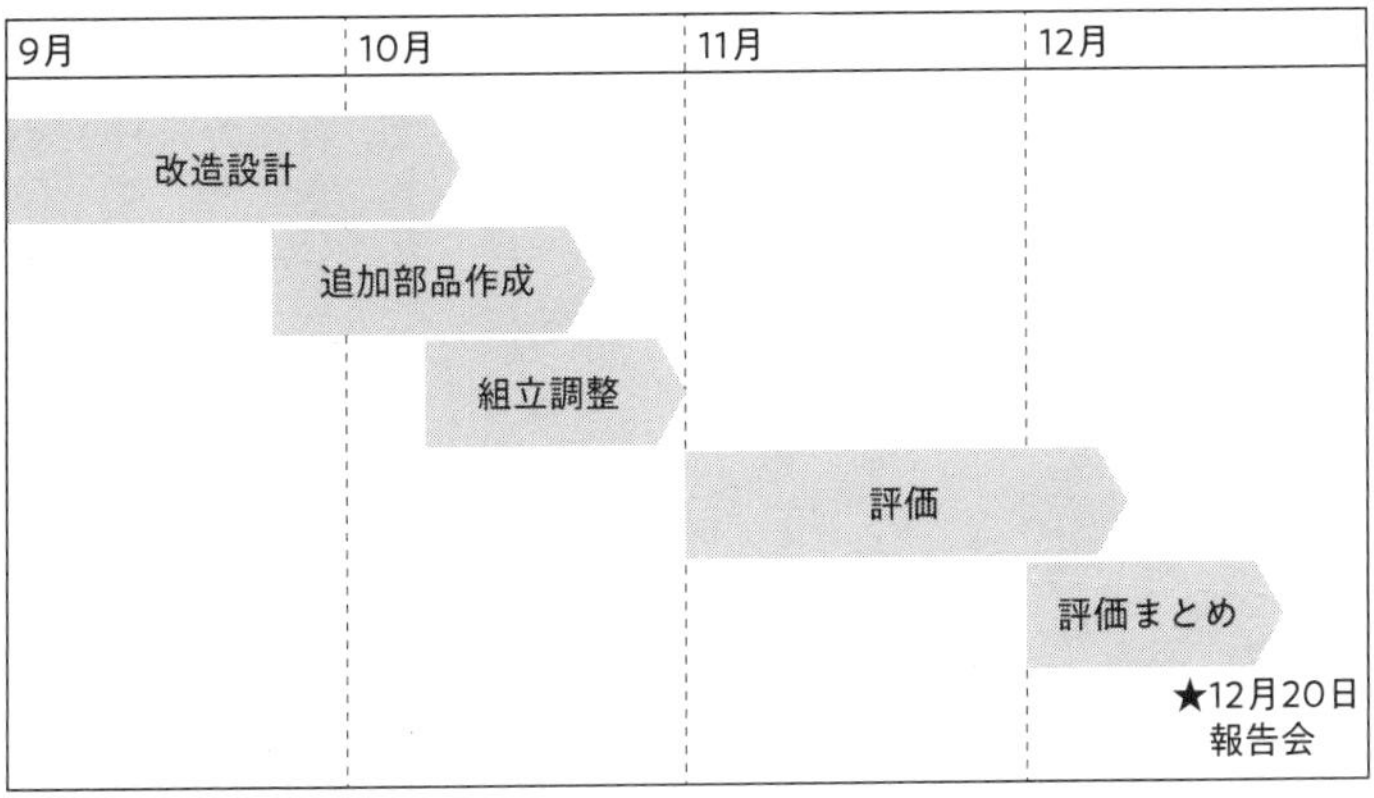


メンバー「今回のチームは、課題出しまででいいわけですね」

リーダー「はい、そうです。ただ、進める上での課題としては、試作のコストの問題があります。既存商品を改造してセンサーを入れ替えるかたちで、プロトタイプの作成をしていただきたいと考えています。どうでしょうか」

メンバー「そうですね……。言

うのは簡単だけど、ちゃんと距離センサーに合わせた設計をしないと性能が発揮されませんね。ここをケチると、試作することの意味がなくなりますよ」

リーダー「試作自体の意味がなくなると……（まいったな。『既存商品の改造でコストを抑えてほしい』というのは課長からの強い要望なんだけど）」

メンバー「そう簡単にいくかな……」

リーダー「簡単にはいかないですか」

メンバー「そうですね。上の人たちは中身がわかってないみたいだけど、検出の方式が違うんですよ。だから、旧型センサーと同じように取り付けても性能が出ないんですよ」

リーダー「そうなんですか。私も詳細まではわかっていませんでした」

メンバー「だから、心臓部になるところだけは、コストをかけてしっかりとつくり込みを行う。一方、筐体《きょうたい》は既存商品を使い、電気回路は開発時の部品を改造すれば、コストは下げられると思いますよ」

リーダー「そうですか。相談してよかったです」

メンバー「まあ、ずっとこのセンサーの開発をやってきましたからね」
リーダー「あとは、センサーの評価方法の確立が課題ですね」
メンバー「まあ、それはみんなで膝《ひざ》を突き合わせて知恵を出し合えばなんとかなるでしょう」
リーダー「最後に全体スケジュールですが、9月から設計を開始し、改造に必要な部品を揃えて、10月末の完成を目指します。11月からは評価を開始して、年末に報告という感じです。こんな感じでいけそうでしょうか」
メンバー「ちょっと無茶なスケジュールですね」
リーダー「無茶ですか……」
メンバー「改造商品の仕様は決まっているんだろうね」
リーダー「いや、まだです」
メンバー「仕様決めが8月末までに終わっても、評価に入ることができるのが12月くらいのスケジュールですよ」

リーダー「そうですか、了解しました。スケジュールに関しては、再検討しますので、Cさんに改めて相談させてください」

## メンバーがゴールを達成しやすいような「環境」を整える

メンバー「研究所で距離センサー開発をしていたときには、『予算をちゃんと使い切れ』って言われたのに、実用化で事業部に移管されたら、すぐコスト削減と言われてしまう」

リーダー「そうですね」

メンバー「必要な測定器はなんとか都合してほしいですね」

リーダー「了解です。研究所から借りたり、レンタル品を用意したり、やり方はいろいろあると思います。Cさんが困らないように調整をしますので、遠慮なく言ってください」

メンバー「よろしく頼みますよ」

リーダー「はい、お任せください」

メンバー「あと、評価をするにあたっては、測定環境をつくるのに研究所に残ったメンバーの知見が必要です。彼らに正式にアドバイザーで入ってもらえないでしょうか」
リーダー「わかりました。研究所に協力してもらえるよう、こちらも調整します」

**お願い内容を最終確認し、メンバーにやり方を「自己決定」してもらう**

リーダー「どうでしょう？　こんな感じでお願いできますでしょうか？」
メンバー「はい。なんとかやってみますよ」
リーダー「ありがとうございます！　すごく助かります」

どうでしょうか。
場面設定になじみのない方もいるかと思います。
場面設定の具体的な内容は理解できなくても問題ありません。ただ、話の流れのイメージがつかめていれば十分です。

# 第5章

# トラブルを成果に結びつける「フォローアップ術」

## リーダーの腕の見せどころ

チーム内で起こるトラブルの解決も、リーダーにとって大きな仕事の一つです。

トラブルにはさまざまな種類がありますが、なかでもメンバーが仕事上のトラブルに見舞われた際に、どう一緒に解決していくかは、リーダーの腕の見せどころです。

「自分に起きたトラブルでもアタフタしてしまうのに、他人が抱えるトラブルについてはたして自分が力になれるのだろうか？」

ビビリでコミュ障のビビリリーダーはそう考えてしまうかもしれません。

でも、大丈夫です。

あなたよりもはるかにビビリでコミュ障な私でもできたのですから。

では、どのような方法でそれが可能になったのか、本章でそのことをお話ししましょう。

# 032 部下が問題を抱え込んでいるとき

メンバーに業務をお願いした後、順調に進んでいるかどうか、ビビリーダーは気になってしかたがありません。何しろビビリですからね。

そこで、メンバーに確認しようとするのですが……。

## NG対応

リーダー「どこまでできましたか？」

メンバー「これから、とりかかります」

……1時間後

リーダー「どこまでできましたか？」

メンバー「今、やっているところです」(え、また聞いてくるの)
……1時間後
リーダー「どこまでできましたか?」
メンバー「出来上がったら、報告します」(勘弁してよ!)

こんなぐあいに、1日に何回も「どこまでできましたか?」と進捗を聞かれると、メンバーは「自分は信頼されていないのかも……」と思って、いい気分はしません。

また、「どこまでできましたか?」という聞き方は、仕事の結果にしか関心がなく、メンバーの仕事ぶりや心身の調子などに対する気づかいが感じられない印象を与えてしまいます。

では、どのような問いかけをすればいいでしょうか。

**「調子はどう？　いつでも相談して」（1日1回程度）**
**「順調？　何かあったら相談して」**

**OK対応**

メンバー「うーん、うまくいかないな……」（どうしたらいいんだろう？）
リーダー「調子はどう？　いつでも相談して」
メンバー「あのう……とても言いにくいのですが……。実は、あまりいいアイデアが浮かばなくて、業務が全然進んでいないんです」（胸のつかえがとれてホッとした！）

このように、メンバーがちょっとしたことでもリーダーに相談しやすい雰囲気をつくっておくようにしておきたいもの。

それには、ふだんから「調子はどう？　いつでも相談して」という声がけをしておくことです。

これを習慣化するためにも、始業時に各メンバーに聞いて回るなど、ルールを決めておくのもいいでしょう。

迷っている間や悩んでいる間は、何も生み出さないままにいたずらに時間だけが過ぎていってしまうものです。

**こんなときにリーダーからひと言かけられると、メンバーはどれほど救われることか。**きっと悩みを打ち明けやすくなるはずです。

そのとき「調子はどう？」というひと言をはさむだけで、仕事だけでなく、メンバーの心身の調子に関心があることを伝えることができます。

メンバーも、リーダーが気にかけてくれていることを意気に感じるでしょう。

ここがポイント

**マジックワードは「調子はどう？　いつでも相談して」**

# 033 部下がトラブルに直面しているとき

仕事上のトラブルを抱えたメンバーがいます。リーダーに報告できないまま、一人悶々としています。

水面下でそんな事態が進行していくと、トラブルはどんどん大きくなり、やがて、手のつけられない状態にまで悪化していきます。そうなって初めて問題が発覚することに。

リーダーはメンバーを呼び出すのですが……。

**✕ NG対応**

「ちゃんとやってくれないと困るよ！」

「何年この仕事をやっているんだ!?」

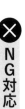

## 「一体どうするつもりなんだ!?」

ふだんから、メンバーのネガティブな報告に対し、リーダーが感情的になって、怒鳴ったり問い詰めてしまったりすると、リーダーに報告しにくい雰囲気が出来上がってしまいます。

ビビリでコミュ障のビビリーダーなら、逆の立場であるメンバーの気持ちはよくわかりますね。

(ただし、リーダーとして、メンバーに注意しなければならない場合もあると思いますので、これは後述したいと思います)

では、こういう場合、どんな返答が効果的でしょうか?

**「今わかってよかったです」**
**「もっと後でわかったら、大変なことになっていました」**
**「言いにくいことだったでしょう。正直に打ち明けてくれてありがとう」**

## ＯＫ対応

メンバー「実は、あまりいいアイデアが浮かばず、全然業務が進んでいないんです」（ついに言ってしまった。怒られないかな……）
リーダー「今わかってよかったです。もっと後でわかったら、大変なことになっていました」
メンバー「あっ、そうですか」（今正直に言っておいてよかった！）

リーダーが、トラブルに関して寛容だったら、メンバーもネガティブな報告をしやすいはずです。

報告しにくい内容でも、やさしく受け止めてくれることがわかっていたら、メンバーもトラブルの芽が小さいうちに相談しようという気持ちになるでしょう。

もちろん、メンバー自身も、リーダーに言われなくても、自分でなんとかしなきゃと焦りの気持ちを持っていたはずです。

そんなとき、リーダーの声がけ一つで、プレッシャーから解放されるのです。

**報告してくれたことをポジティブに受け止め、その上メンバーの心身の調子にも心配りをすると、信頼関係はさらに強まります。**

ここがポイント

**マジックワードは「今わかってよかったです」**

# 034

# 部下に問題解決に集中してもらうには

多くの人数で取り組むプロジェクトの場合、順調に進んでいるなかで、なぜか一人のメンバーだけに遅れが生じたり、トラブルが発生してしまうことがあります。

そのとき、このメンバーには「他のメンバーの足を引っ張りたくない」「自分の担当パートの遅れでプロジェクト全体を遅らせたくない」というプレッシャーが強くかかります。

それは、ゴールに近づけば近づくほど、大きなものになります。

リーダーは心配してメンバーに声をかけるのですが……。

## ✕ NG対応

「Aさん、何をやっていたんですか？」

「この不具合は、誰の担当ですか？」
「Aさん、なぜそんなミスをしたのですか？」

わざわざリーダーに言われなくても、メンバーは早くリカバリーしたい焦りでいっぱいです。

こういうとき、リーダーから個人名を挙げて「ミス」を指摘されることは、傷口に塩をすりこまれるようなもの。リカバリーに向けての意欲はすっかりそがれてしまうことでしょう。

## OK対応

メンバー「申し訳ありません。今頃になって、エラーが出ていることがわかりました……」（怒られる！）

リーダー「わかりました。まずは、今回の不具合について、原因調査と対策を進めてください。本日中に一報ください」

メンバー「わかりました。至急とりかかります」（早くなんとかしなきゃ）

後日。
メンバー「不具合ですが、仕様書が更新されていることに気がつかなかったことが原因でした」（怒られるかな……）
リーダー「なぜ、気がつかなかったのか、更新のやり方を一緒に見直しましょう」
メンバー「わかりました。至急確認します」
（二度とやらないように気をつけなきゃ！）

問題が発覚したときには、個人のミスを指摘するのではなく、起きてしまった事実にフォーカスします。

メンバーは、ミスをしてしまったことを気に病んでいるはずです。

そこでまず、**メンバーには、早く原因を突き止め、どうやったら解決できるのかに集中してもらいます。**

そして、経験不足のメンバーに任せっぱなしにしていたなど、業務分担などに問題はなかったのか、リーダー自ら見直すようにしましょう。

また、業務管理の点で、チェック体制などに問題はなかったのか見直しを行い、再発防止につとめましょう。

ここがポイント

**問題が発覚したときには、事実にフォーカスする**

# 035

# 部下の仕事のクオリティがリーダーの考える水準に達していないとき

ある程度の範囲の業務を任せたメンバーから、リーダーであるあなたが思っているクオリティのものとは違う成果物が上がってくることがあります。

これもリーダーにとってのトラブルの一つと言えるでしょう。

ある程度の必要条件は満たしているので、まったくの失敗作とは言い切れないものの、何かが足りない印象を受けます。

**✕ NG対応**

「過去の経験上、こうするのが常識でしょう」
「これは、ないでしょう」
「うーん、自分だったら、こうするな」

「ちょっとセンスが感じられない」
「これだと、問題を起こすよ」

こうした辛辣《しんらつ》な対応をするリーダーの場合、自分の思い通りにならないと認めないという性格的なものがあります。

メンバーも、リーダーの性格を見抜いているため、発言が消極的になり、よりよい製品やサービスを生む上での意見が出にくくなってしまいます。これは組織にとってはマイナスでしょう。

### OK対応

メンバー「途中までできたので、見ていただけませんか」
リーダー「この部分は、どのような考えでこのような形になっているのですか?」
メンバー「○○というように考えてみました」
リーダー「なるほど、そういうやり方もできそうですね。新しい特許がとれるかもしれません」

メンバー「はい、このやり方で、がんばってみます」
リーダー「ただ、（この条件は）守る必要があるので、検討してもらえますか。あと、過去に××というトラブルにあったことがあるから、そこは気をつけておいてくださいね」
メンバー「はい、わかりました。確認しておきます」
リーダー「また設計が進んだら、教えてください」

私自身を含め、エンジニアの場合、自分の理想を追い求めてしまう人、こだわりが強い職人気質の人が多いような気がします。

自分が一担当者であれば、それはいいのですが、リーダーの立場になると考え方を切り替えないとうまくいきません。

**私の経験では、自分の理想の70％くらいまで達していれば上出来だと思います。**

なかには「いや、とても70％では納得できない！」というリーダーもいるはずです。

そういう人は、リーダーの役割をもう一度思い起こしてください。

リーダーの役割は、「チームで成果を出すこと」でしたね。

あなただけが成果を出すわけではないのです。

あなたの理想を追い求めても、チームとしての成果にはなりません。

**リーダーは、メンバーの役割ではなく、リーダーの役割を果たすことで、成果が出るのです。**

あなたは、立場が変わったのです。

だから、メンバーが上げてくる成果物を認めてあげる必要があります。

自分が理想と考えていること以外にも正解は複数あるはずです。答えは一つとは限りません。

大事なのは、必要条件をクリアしているかどうかです。

メンバーが上げてきた成果物や案に対して、どう考えた結果そうなったのか、まずはしっかり聞いてあげること。

もし、必要条件が足りなければダメ出しは必要ですが、満たしているのなら受け入れてあげましょう。

メンバーも自分の提案が受け入れられれば、モチベーションが高まるはずです。

経験上「ここはトラブルになりそうだな」「注意しておかなければならないな」と感じるところもあるでしょう。

そういうポイントは、しっかりとアドバイスしてあげてください。

**ここがポイント**

**必要条件をクリアすればＯＫを出す寛容力を持つ**

## ビビリーダーの失敗談4

あるとき、設計の人手が足りず、メンバーが増員されることになりました。

私は忙しさのあまり、メンバーに仕事のお願いをする際、「こんな感じのものをつくってほしい」と、ざっくりとした指示を出してしまいました。

すると、自分が理想とするものとは微妙に違うものが出てきてしまったのです。

そこで、私は自分の理想に近づけるよう、細かな修正指示を何回も出し続けました。

「自分が手を動かしたほうが早いのに」と、イライラしながらメンバーに指示を出し、その都度後で自己嫌悪に陥っていました……。

最初に私がメンバーにしたお願いでは、必要条件が明確になっていませんでした。それがまちがいのもとだったのです。

必要条件がもっと明確になっていたら、提案してくれたもので、条件を満たしていたかもしれません。

今はそのことがよくわかるのですが、当時の自分はそのことに気づいていませんでした。メンバーのAさん、ごめんなさい……。

# 036 部下の不満にどう対応するか

チームのなかには、いろいろな性格のメンバーがいます。

なかには、「それは自分の仕事ではない」「自分には関係ない」などと、自分勝手な不満ばかり口にしてリーダーを困らせるメンバーがいるケースも……。

ただでさえビビリでコミュ障のビビリーダーが、こういうメンバーを前にすると、どう対応していいかわからず、しどろもどろになってしまいます。

**✕ NG対応**

リーダー「Aさん、これをお願いできますか」
メンバー「そんなことをやっている時間はありません。そもそも、自分の仕事ではありません」

リーダー「いや、そんなこと言われても……」（声が消えかかる）

こういう対応では、わがままなメンバーはさらに増長してしまいます。その仕事を他のメンバーに代わってもらおうとすると、頼まれたほうは不満を溜め込んでしまい、チームの雰囲気は悪くなるばかりです。

こうした不平不満に対しては、２つの対処法があります。

## （1）「はい、〇〇ですか」と内容を繰り返す

一つは、相手が言ってくることを、途中でさえぎることなく最後まで聞いて、その内容を繰り返すというものです。

これは、デパート勤めの知り合いが教えてくれたクレーマー対応をヒントにしたやり方です。その人の場合、クレーマーの言うことをひたすら聞いて、「はい、〇〇ですか、おっしゃる通りでございます」と繰り返すそうです。

そのうちに、たいてい「もういいです。次からは気をつけてくださいね」と言って終わるとのこと。クレームをつける側にしてみれば、言いたいことを言えて、また自分の話を聞いてもらえるので、スッキリするのですね。

聞くほうはたまったものじゃないのですが、**不満に耳を傾けるのも仕事のうちと割り切り、反論したい気持ちをグッとこらえて、ひたすら相手にしゃべらせるという戦術をとるようにしましょう。**

ただし、これはデパートでのお客様を相手にしている方法なので、「おっしゃる通りでございます」はなくてもいいですね。

## (2)冷静に解釈する

ただし、ビビリーダーならずとも、自分にぶつけてくる不満に耳を傾けるのは、心理的負担が大きいものです。ましてビビリでコミュ障の人にとってみれば、その心理的負担はふつうの人よりも倍くらい大きいはずです。

そこで、心理的負担を減らすための方法としてお伝えしたいのは、相手がなぜこんなことを言うのかを冷静に解釈するというものです。

この人はこういう性格で、こういう理由があるから、こんなことを言うのだということがわかれば、それに対する解決法も生みやすくなります。

この方法は、心理学における防衛機制の考え方を応用したものです。**防衛機制とは、人が受け入れ困難なことに遭遇した場合に、受け入れやすいように考え方を変えることです。**

**不満の裏には、怒りがひそんでいることもあります。**たとえば、それが自分の配偶者に対する怒りで、配偶者に怒りをぶつけて解消することが難しい場合、別の攻撃しやすい対象、たとえば弱そうなビビリーダーに「置き換え」て攻撃しているわけです。まあ、理不尽な話ですが……。

また、「最初から無理だとは思っていましたけど、リーダーの命令だからやったんです」と仕事が思うようにいかないことを上司のせいにする人もいます。

こういう人は、「自分の失敗は、無理な仕事を押しつけてきた上司が悪いのだ」と都合よく「合理化」して考えているようです。

つまり、満たされなかった欲求に対し、もっともらしい説明をつけることで、認めがたい現実から目をそらしているわけです。

他にも、やたら大きな態度に出るとか、何かと噛みついてくる人もいます。

実は、**こういう人に限って、大きな劣等感を持っていて、それを隠すために、そういう行動をとっていることもあります。**理由がわかれば、不満やクレームもそれほど怖くはなくなります。

**OK対応**

リーダー「Aさん、これをお願いできますか」
メンバー「そんなことをやっている時間はありません」
リーダー「はい、時間がない、ですか」
メンバー「そうです。そもそも、自分の仕事ではありません」
リーダー「自分の仕事ではない、と」

メンバー「だいたい、これだけの人数でできるスケジュールになっていない、成り立っていませんよ」

リーダー「成り立っていない、ですか」

メンバー「人数が少ないから、担当範囲が多すぎます」

リーダー「担当範囲が多すぎるのですね。どのくらいの期間があれば、できそうですか」

メンバー「あと1週間あればなんとか。しばらく単純作業なので、誰でもいいから作業を手伝ってもらえると助かりますけど」

リーダー「そうですよね。負担軽減やスケジュール延長をマネージャーに交渉してみます」

メンバー「そうしてくださいよ」

（ここである程度、メンバーの要望が伝わる）

リーダー「今は、これをAさんにお願いするしかありません。他の業務は優先度を落としても、なんとかお願いできませんか」

メンバー「しかたがないですね。いつまでにやればいいですか」

**不満のなかには要望が隠れている**ということも見逃してはなりません。右の会話例で言うと、「誰でもいいから作業を手伝ってもらえると」の部分です。メンバーの仕事が円滑に進むためにも、不満の陰に隠れた要望をあぶり出してあげることも効果的です。

要望を聞いてもらえて、それまで不平不満ばかりだったメンバーが、ガラッと変わってがぜんやる気を出して働くようになったケースもあります。

ただ、どうしても自分だけでメンバーの不平不満に対処できないときは、早めに上司に相談して、サポートをお願いすることも大切です。

絶対にビビリーダー一人で抱え込んでしまってはダメですよ！

**ここがポイント**

**不満のあるメンバーの場合、まずその人の性格を理解する**

## 037

# 期間内の目標達成が難しいとき

チーム内でのトラブルが長期化していて、期間内での目標達成が難しいと感じる場合があります。

リーダーにとっては自分の責任も問われるので、焦ります。

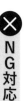

### NG対応

メンバーがトラブルを一人で抱え込んでいて報告しないことがあるように、リーダーもリーダーだけでトラブルを一人で抱え込んでしまうことがあります。しかし、それではチームが立ち行かなくなります。

リーダーはチームを任されている以上、スケジュールや成果物の内容の修正といった、他のチームにも影響を及ぼしかねないレベルの大きな話が出てきたら、上司にすぐに相談する必要があります。

現状を踏まえ、どこまでなら譲歩や妥協ができるか。それについて早めに上司の合意を得ておけば、それが指針となって、現場で的確な判断が可能になります。

その際、事前に次のような資料を用意して臨むといいでしょう。

## OK対応

**●目標の達成が難しい項目の洗い出し**

例：試作の組立予定日にデバイス部品が揃わない

**●原因**

例：取引先A社の新規開発中のデバイスに不具合が発生。その解析待ち。
A社の人手不足？で、報告に遅れが生じている

**●対策案**

例：試作スケジュールを2週間延長して方針判断

A社へのリカバリープラン要求

⇒マネジメントからの働きかけ依頼　C部長

B社デバイスへの変更検討

⇒機能ダウンの可否　商品企画含めて相談

⇒追加の検討予算必要　100万円

⇒検討人員の確保　他プロジェクトから1名

リーダー「お時間をいただき、ありがとうございます。トラブルが発生しておりまして、資料のような状況です。詳細を説明します」

上司「内容はわかったが、デバイス変更も視野に入れるレベルなのか？」

リーダー「A社のほうでは不具合の根本原因がまだ解析できていない状況です。A社の担当者だけでは人手不足のようなので、補強をお願いしたく、

　マネジメントから働きかけてほしいです」
上司「わかった。Ｃ部長にお願いしよう」
リーダー「また、Ｂ社デバイスの変更検討のため、機能ダウンや検討予算、検討人員の確保をお願いしたいです」
上司「Ａ社との取引関係を考えると、まだ時期尚早かもしれない。１週間待って、状況の変化を確認しよう」
リーダー「わかりました。ではＢ社デバイスの情報集めだけ行っておきます」
上司「よろしく頼むよ」

上司のこのひと言を引き出せれば、ビビリーダーとしてもひと安心ですね。

**ここがポイント**

**ゴール達成が難しいときには、すぐに裏で代案や支援を上司に交渉しておく**

第6章

# ビビリーダーならではの悩み

## リーダーは「人間をうまく扱う」ポジション

ただでさえビビリでコミュ障の人は、人間関係やコミュニケーションについての悩みを抱えがちです。

それが、リーダーという、早い話「人間をうまく扱う」ポジションにつくわけですから、悩みが増えないわけがありません。

そんなビビリーダーならではの悩みに答えるべく、この章では、私がリーダーとして抱いてきた悩み、また〝ビビリーダー仲間〟から聞いた悩みをもとに、どうすればそれを解決できるかを考えてみたいと思います。

# 038

## 部下を叱ることができません。ビシッと注意したいのですが……

言うまでもなくビビリーダーは、部下を叱るのが苦手です。

私自身、当然叱られるのは嫌ですし、まして、自分が叱る場面を想像できません。

叱るというと、

「一体どういうことなんだ！　二度とやらないように」

と大声で怒鳴るイメージを持っています。

自分は、そういうことは向いていません。


私の場合、叱る代わりに、「改善をお願いする」というイメージでいます。

たとえば、ミスをしてしまったメンバーには、

「次から、ここは注意しておいてもらえますか」

と話していたのです。

このように、**私の場合、部下とのやりとりでは、いつも「お願いモード」**。

私の場合、そのほうが叱るよりも、何倍も心理的負担は少ないです。

**ここがポイント**

**叱るのではなく、「改善を促す」というスタンスで**

# 039
# チームのなかに、苦手な部下がいる。他の人と同じように接したいのですが……

チームのなかのいろいろな性格のメンバーへの対応方法については前の章で書きましたが、逆に、リーダー自身がメンバーと相性が合わないと強い苦手意識を持ってしまう場合もあります。

私のようなビビリな人の場合、苦手な人の範囲はふつうの人より広いかもしれません。

ここで「苦手意識」について、心理学の観点から考えてみたいと思います。

誰かに対して苦手意識があるというのは、

**①自分にはない魅力を持っていることへの嫉妬**

**②自分がそれまで我慢してきたことを、遠慮なく行っていることへの腹立ち**

という気持ちが自分のなかにあって、相手にその気持ちを無意識に投影している状態です。

つまり、自分の気持ちの問題なんですね。

だからといって、根っこには相手に対する嫉妬や腹立ちというネガティブな感情があるので、自分の気持ちをスッキリ変えるのはなかなか難しいことです。

そして残念ながら、**相手の性格や行動を変えるのは、さらに難しいのです。**

こういう場合、苦手なメンバーと接するのはあくまで仕事上だけ、と割り切ることです。

つまり、仕事が円滑に進むだけのコミュニケーションがとれていればいいのです。

私自身そう割り切れるようになったことで、苦手なメンバーとコミュニケーションをとる必要が生じても、以前に比べてだいぶイライラが減りました。

ここがポイント

**苦手な相手は、「仕事上の関係だけ」と割り切ろう**

# 040 仕事でわからないことが出てきた。詳しい先輩に聞きたいんだけど、どう聞いていいのか……

リーダーとして仕事をする過程で、自分に経験がないため、やり方がわからないことも数多く出てくることでしょう。

こればかりは、悩んでいても解決できません。

**解決するためには、行動です。**

勉強も仕事もマネをするところから始まります。

わからないことは、よくわかっている先輩に教えてもらうのが、解決への一番の近道です。

ただし、「何もわからないので、イチから教えてください」といった丸投げに近いお願いは避けてください。

時間は貴重です。それは、先輩にとっても同じこと。

たとえば、すごく忙しいときに後輩に「報告会資料の作り方を教えてください」といきなり言われたら、あなたはどんな気持ちがするでしょう。

「時間がかかりそうだな」「避けたいな」と思うはずです。

せめて、

**「自分でこうやって解決したいと考えている。そのヒントを教えてもらえませんか」**

というスタンスで先輩に話すのがいいでしょう。

また、「お忙しいところ申し訳ございませんが〜」というクッション言葉を添えることも、効果的です。

たとえば、「お忙しいところ申し訳ございませんが、報告会資料の作り方を知りたいのですが、過去の資料や社内マニュアルの場所をご存じないですか」という聞き方であれば、先輩も快く協力してあげようという気持ちになるはずです。

**NG例**

●丸投げなお願い

「○○がわからないので、教えてください」

「○○のやり方を教えてください」

**OK例**

●教えてもらうためのお願いの言葉

「お忙しいところ申し訳ございませんが、○○のやり方を知りたいのですが、（参考になるものを）ご存じないでしょうか」

「お忙しいところ申し訳ございませんが、××で困っているのですが、××に詳しい方を紹介していただけないでしょうか」

ここがポイント

わからないことを聞くときは、「お忙しいところ申し訳ございませんが」のひと言をはさもう

## “過去問”を解く

あなたも受験生の頃は、志望校の過去問を一生懸命解いたことでしょう。

同じことを、会社でもやってみてはいかがでしょう？

基本的に会社組織というのは、誰でもある程度の仕事ができるよう、業務の進め方が標準化されているものです。それは、マニュアルのかたちをとっていたり、保存された過去の資料というかたちをとっていたりします。

こうしたマニュアルや資料の存在を、上司や先輩に聞いてみるのもいいでしょう。

あなたに、前任のリーダーがいる場合は、ラッキーです。

マニュアルや過去の資料のこともよく知っていることでしょう。

また、仕事において苦労するポイントや注意点も知っているはずです。

前任者と同じポイントで苦労することのないよう、あらかじめアドバイスをもらっておくのもいいでしょう。

「A部長に事前に話を通しておいたほうが、会議がスムーズにいくよ」などといった、前任者ならではの情報もあるかもしれません。

# 041 社内の面識のない人に教えてもらいたいことがあるけど、自分からは声をかけづらい……

コミュ障レベルの高い人が、同じ会社ではあるものの面識のない人にアポイントを申し込むのは、心理的にハードルが高いことだと思います。

だからと言って、次のように一方的にメールを送り付けるのはいただけません。

**NG例**

「A様
（自分の所属、名前）です。○○の件がわからないため、至急打ち合わせをさせていただけないでしょうか。よろしくお願いします」

このように、相手の都合を聞かず、「至急」の理由についての説明もなく、自分の要望だけ伝えたのでは、相手は気分を害してしまいます。

そうならないよう、まずは自分の上司を通じて相手の上司へ紹介メールを出してもらうようにお願いしましょう。

相手もあなたが自身の上司からの紹介であることがわかれば、話を聞いてもらいやすくなります。

上司の紹介メールの返信として、アポイントのメールを出すのなら、心理的ハードルもグッと下がるでしょう。

こういう場合、役に立つのは、上司からの紹介です。

また、組織にはヒエラルキーという見えない力学もあります。

それをうまく利用することで、精神的なハードルを下げることができるのです。

## OK例

### 上司に紹介を依頼する

「Aさんへ紹介メールを出していただけると大変助かるのですが、お願いできますでしょうか。知りたい内容は、すぐにまとめて（上司へ）メールします」

※上司の手間も減らせるのがベター

### 上司の名前を利用する

※上司の紹介メールに返信してアポイントをとる

「A様

上司の（上司の名前、役職）からご紹介いただきました、（自分の所属、名前）と申します。

××の件で困っていたところ、A様をご紹介いただきました。アドバイスをいただきたく、30分ほどお時間をいただけないでしょうか。いくつかお時間の候補をいただけると、助かります。

お忙しいところ申し訳ございませんが、よろしくお願いします」

## 組織のヒエラルキーを利用する

「本件は、○月に（役職者の名前）に報告することになっております」
「本件は、（役職者の名前）から下りてきている案件ですので、緊急で対応する必要があると考えております」

## 取引先の会社の看板を利用する

「本件は、重要顧客である（取引先の会社）に提案する内容になります」

ここがポイント

## 上司の名前や看板をうまく利用しよう

# 042

## 声が小さくて、いつも聞き返される。よく通る声になりたい……

ビビリの人の多くが、「声が小さい」「声が震える」といった声についての悩みを持っています。

そういう人は、ボイストレーニングに行くことをおすすめします。

実は私自身、子どもの頃から声が出にくく、大きな声を出すとすぐ喉が痛くなっていました。

その悩みを解決しようと、ネットで調べていたら、トレーニングで改善できることを知り、思い切ってスクールに連絡をしてみました。

トレーナーの人に相談したところ、喉を絞めるような声の出し方に問題があることがわかり、正しい発声法を教えてもらったのです。

その結果、**声がしっかりと出るようになると、人前で話すときに相手に伝わらないかもという恐れも減少し、話すことに自信が持てるようになりました。**

もちろんお金はかかりましたが、それで長年の悩みが短時間で解決できるのなら、惜しくはありません。むしろ、もっと早く通っていればと思ったくらいです。

ビビリでコミュ障の人にとって、初めての場所に一人で行くことには、かなりのためらいがあるかもしれません。

ただ、トレーナーの先生も、コミュ障の人をたくさん扱ってきたプロなので、こちらのペースに合わせて指導してくれるはずです。

**ここがポイント**

**声が小さい悩みを抱えている人は、ボイススクールに行ってみよう**

# 043

## チームに自分よりも優秀な部下がいる。はたして自分がリーダーでいいのだろうか……

チームには、リーダーである自分より明らかに優秀なメンバーがいることがあります。

ビビリーダーであるあなたは、その人に仕事を頼みたいんだけれど、はたして自分がそんなことをしていいのだろうかと気が引けてしまう、なんてことはないでしょうか。

あなたがメンバーに対して、「優秀」と感じるのは、たとえばどんなところでしょうか。

学歴、語学、成績、留学経験、受賞歴、社交性……。

これらは多くの場合、あなたが劣等感を抱いている部分です。特に社交性の点では負けを認めざるをえないでしょう。

しかし、組織というのはさまざまなメンバーによって構成されるもの。そのなかで、それぞれの役割を果たせばいいのです。自分には自分の役割があります。引け目や劣等感など感じる必要はありません。

優秀なメンバーには、すごい成果をあげてもらえばいい。あなたはサポーター役として、そんなメンバーを支える。それもまた、リーダーの役割の一つなのです。


ここで、リーダーの役割をもう一度思い出してみましょう。

「任されたチームで成果を出すこと」でしたね。

あなたは今、会社からリーダーの役割を命じられているにすぎないわけです。

それぞれのメンバーにしかできないような強みがあれば、それに集中してもらったほうが、チームはうまく機能します。

そのためにも、まずは面談（106ページ）によってメンバーの強みを知り、彼らがやりたいこと、得意なことを明らかにしましょう。

そうして、そのメンバーにしかできないことに、集中して取り組んでもらうのです。

リーダーがするべきは、自分ができることを引き受けるかたちで、優秀なメンバーのサポート役に徹することです。

鉄鋼王として有名なカーネギーの墓には、次の言葉が刻まれています。

**「己より賢明なる人物を身辺に集める術《すべ》を修めし者ここに眠る」**

カーネギーは事業に成功した秘訣を、自分より優秀な人物を自分の周りに集めたことだ、と言っているのです。

ここがポイント

**リーダーは、リーダーの役割に徹しよう**

# 044

## 仕事を頼まれたら、断れない。うまくこなせる方法を教えてほしい……

ビビリでコミュ障のビビリリーダーは、頼まれた仕事を断るのがとても苦手です。相手の反応を過剰に気にしてしまうからです。

しかし、自分や自分のチームのキャパシティ以上の仕事を引き受けてしまえば、どこかで無理が生じます。そして最悪の場合、必要最小限の仕事もこなせなくなります。その結果、周囲からの期待や評価も下がってきて、精神的にどんどん消耗していくことになります。

そうならないためにも、仕事を引き受ける際には、次のことに気をつけておくようにしたいものです。

## (1)できないと断るより、できるように条件を交渉して引き受ける

仕事を頼んできた相手に、期限や作業量、ゴールのイメージなど、これなら自分やチームでもこなせるというイメージを伝え、それを納得してもらった上で仕事を引き受けるようにします。

そうしておかないと、後から互いに「思っていたのと違う」ということになってしまいかねません。

## (2)ゴールをはっきりさせておく

なかでもゴールのイメージは重要です。ここを事前にすり合わせておくと、最低限自分が何をすればいいかがイメージできます。チームの誰かに頼むときも伝えやすいでしょう。

たとえば、報告会で使う数値データを用意するのがゴールであれば、データをそのまま渡せばいいわけで、自らデータをエクセルでグラフ化したり、パワーポイントで

要点を書いた資料などを用意したりといった〝加工〟は必要なくなります。

ゴールをはっきりさせておけば、やるべきことが明確になり、それに費やす時間や作業量も見えてくるわけです。

## (3)あらかじめ期限に余裕を持っておく

ビビリーダーに限らずリーダーの職についている人は責任感が強いため(強くならざるをえないため)、頼まれた仕事を一度「やる」と約束したからには、何としてもやりとげようとします。会社もそれを見越して、あなたをリーダー役に任命したわけです。

しかし、最初はなんとかできそうと思ったものの、うまくいかない箇所が出てきたり、急ぎの仕事が割り込んできたりして、予定通りに進まないのはよくあることです。

予定通りに進めるためには、仕事を引き受ける際に、余裕を持ったスケジュールで相手に了承を得るようにしましょう。

そうすることで精神的な余裕が生まれますし、予定通りにいかないときにもリカバリーの時間が確保できます。

ここがポイント

**仕事を頼まれたら、きちんと「条件交渉」をしよう**

## 045

# いつもストレスを溜め込んでいる。うまくコントロールする方法はないものか……

リーダーは、ストレスを溜め込みがちです。そして言うまでもなく、ビビリーダーはストレスにとても弱いです。

私もストレスに押しつぶされてしまいそうなことが数え切れないくらいあります。

次に挙げるのは、そんな私がやってみてうまくいった、ストレスのコントロール方法です。このなかから自分に合いそうなものがあれば、試してみてください。

### (1)あったことや感じていることを紙に書き出す

自分の部屋などの静かな落ち着ける場所で、自分のなかでモヤモヤしていることを、ノートに少しずつ書き出してみます。

最初は、どう書いていいか、迷ってしまうかもしれません。それでも何でもいいから少しずつ書き始めていくうちに、自然に手が動くようになります。形式は気にせず、とにかく自由に書いてみましょう。


書く内容としては、まずは、実際にあったこと、つまり事実を書くようにします。

そして次に、今自分が感じていることを書いていきます。

コツは、10分なら10分と、時間を決めて一気に書き出すことです。


たとえば、今日あなたが今までやったことのない仕事を頼まれて、どこから手をつけていいかわからず途方に暮れてしまった、とします。

——このときの心境をノートに書き出すと、次のようになります。

●やったことのない仕事を頼まれた。

●今一つやり方がわからない。
●頼んだ人はどこかに行ってしまった。
●周りの人は忙しそうで、話しかけづらい。
●仕事が進んでいないことにイライラする。

## (2)書き出したことにポジティブな意味付けをする

一気に書き出した後は、それを眺めてみましょう。
そのなかに、ポジティブな意味付けができるところはないかを探してみます。
コツは、書いたものを遠目に眺め、「本当にそうだろうか?」と疑ってみることです。
その結果、納得することができ、気持ちを落ち着けることができます。
たとえば、上記の例では、こうなります。

●やったことのない仕事を頼まれた。
⇓できる仕事の幅を広げるチャンス
●今一つやり方がわからない。
⇓最初は何事もわからないことがあって当然だ
⇓マニュアルがあったのにすぐに気がつかなかった
●頼んだ人はどこかに行ってしまった。
⇓席にいられないのを承知の上で頼んだはず
●周りの人は忙しそうで、話しかけづらい。
⇓周りの人を忙しいと思っているのは、自分だけかもしれない
⇓忙しいから無理と言われたわけでもない
⇓思い切って聞いたら教えてくれたかも
●仕事が進んでいないことにイライラする。
⇓自分が勝手にイライラしているだけかもしれない
⇓期待に応えたい気持ちがいきすぎていたかも
⇓一度やれば、もうこんな気持ちにはならないはず

⇓ただ頼まれた仕事をやっただけなのに、ここまでイライラする必要があったのか

## (3)深呼吸をする

私はストレスで緊張が高まると、呼吸が浅くなり、息苦しくなってきます。会社にいるときにそういう状態になったら、席をちょっと離れ、空いているスペースで、ゆっくり深呼吸をするようにしています。

まず鼻から5秒かけて大きく息を吸い込みます。そして5秒間息を止めて、10秒かけて息を吐き出します。

息を吸い込むときには、外のエネルギーを体のなかに取り込む様子をイメージしてください。

そして息を吐き出すときには、自分のなかのモヤモヤした気持ちごと外に解放します。

これを数回繰り返すだけで、緊張がほぐれ、ストレスが軽減していきます。

## (4)ストレスの原因から離れる

ベストセラー本のタイトルで話題になった「繊細さん」もそうですが、周りのちょっとしたノイズが気になって、仕事に集中できない「敏感すぎる人」がいます。

実は、私もそういうタイプです。

データ入力や、同じ操作を繰り返す測定など、マニュアルで決められた手順で手を動かす作業なら、雑談しながらでもやることができます。

その一方で、アイデアを出したり、課題の解決方法を考えたり、レポートをまとめるなどの思考が必要な仕事の場合は、周囲がうるさいとまったく集中できません。

私の場合、耳栓やノイズキャンセリングイヤホンをつけて、雑音をシャットアウトしていたのですが、それでもかすかに聞こえてくる会話の音で、集中力を乱されてしまいます。

そこで、波の音、雨の音、ホワイトノイズなどをかけて、外の会話が完全に聞こえないようにしています。

このような音は、携帯の瞑想アプリで入手することができます。

また自分の席で仕事をしていると、周囲の人の動きが気になったり、話しかけられたりなどして、集中力が途切れてしまうことがあります。

そういうときは、社内のフリースペースや、営業時間外の社員食堂を利用し、周囲の人を避けることが多いです。

## (5)人間関係のストレス

人が集まれば人間関係の問題がどうしても発生してしまいます。

人から同じことを言われても、されても、人によって受け止め方が違います。

言った人にそのつもりがなくても、言われた人が嫌だと感じれば、それは嫌がらせになります。

ビビリーダーは、そのことに気を配って、メンバーが不快に感じるような言動は避けなければなりません。

しかし、ビビリーダーが〝加害者〟になるケースは少なく、圧倒的に多いのは〝被害者〟になるパターンです。

ビビリでコミュ障のビビリーダーが、強気の反論をしないのをいいことに、少々問題のあるメンバーから嫌がらせの対象になることがあります。

自分とはウマの合わない問題のあるメンバーがチームに入ってしまうこともまったくないとは言い切れません。

**もしこうしたメンバーに言葉や態度などで嫌がらせを受けるようなことがあれば、どんなことでも記録にとっておくようにしましょう。**具体的には、実際にあったことを、メモ、メール、議事録、録音など、客観的に証明できるかたちで残すようにします。５Ｗ１Ｈ（Who＝誰が、When＝いつ、Where＝どこで、What＝何を、Why＝なぜ、How＝どのように）まで押さえておけば完璧です。

もし、あなたがそのメンバーをハラスメントで訴えたとき、言い逃れできない証拠となるでしょう。

訴訟までいかなくても、切り札としての情報が手元にあることは、ビビリーダーに安心感をもたらしてくれます。相手に堂々と反論をする勇気も与えてくれるでしょう。

ここがポイント

**ビビリーダーはストレスとうまく付き合おう**

# ビビリーダーの失敗談5

かなりの業務量がある内容をさっとメールに書いて、あまり面識のない関係者に送ってしまったことがあります。

ほどなく、相手から電話がかかってきて、「こんな大変な内容をいきなりメールで送ってくるなんて、どういうことだ。失礼じゃないか！」と怒られてしまいました……。

今考えれば、相手の都合も聞かず、上から目線で一方的に指示する内容のメールを送りつけたのですから、相手が気分を害して当然です。

メールに「追ってお電話で説明させていただきます」といったひと言を添えておけばよかったのです。そういう手間を怠り、メールでチャッチャッと済ませたばかりに、よけい面倒なことになってしまったことをとても後悔しました。

テレワークが多くなると、こういうことが増えてくるかもしれません。直接顔を合わせる機会が減るからこそ、相手の気持ちを思いやる心理的余裕が、さらに求められるようになるでしょう。

晴瀬ワカル　（はるせ・わかる）

設計エンジニア。ソニー株式会社勤務。20年以上にわたり設計業務に携わり、某有名製品も担当する。数万人のエンジニアから毎年十数名選ばれる褒賞金100万円のSonyMVPにも表彰される。早稲田大学大学院理工学研究科修士課程修了。国家資格キャリアコンサルタント、コーチング資格なども保有。
一人っ子で、子どものころからコミュニケーションが大の苦手。友人も少なく、なかなか周囲に溶け込めない学生時代を過ごす。社会人10年目に、やりたくないリーダーに指名され、部下とのコミュニケーションに苦戦した結果、リーダー職を外される。そこから自分なりのやり方でコミュニケーション方法を改善、約20名からなるチームのリーダーを任され、チームで社内技術交流会で表彰されるまでになる。現在もソニーに勤めながら、自分と同じようにコミュニケーションに苦労して悩んでいる人に向けて、自分らしいキャリア形成支援を使命に活躍中。著書に『「理系リーダー」の教科書』（大和出版）がある。

■公式サイト　https://wakaru-h.com/


# コミュ障《しょう》でビビリなリーダーでも、部下《ぶか》を思《おも》うように動《うご》かせる本《ほん》

## 自分《じぶん》にムリせず「お願《ねが》い上手《じょうず》」になれる！


2021年１月30日　初版１刷発行

著　者　晴瀬《はるせ》ワカル

発行者　田邉浩司
発行所　株式会社 光文社
〒112-8011 東京都文京区音羽 1-16-6
電話　編集部 03-5395-8172
書籍販売部 03-5395-8116
業務部 03-5395-8125
メール　non@kobunsha.com
落丁本・乱丁本は業務部へご連絡くだされば、お取り替えいたします。

組版　新藤慶昌堂
印刷所　新藤慶昌堂
製本所　国宝社




ISBN978-4-334-95222-8 Printed in Japan